KB023912

027

팸플릿 027

협동조합의
돈과 민주주의

지속가능한 협동조합운동을 위하여

김신양 지음

한티재

차례

제2부 '돈'과 '민주주의'의 갈등을 넘어

추천의 글

신명호 (사회투자지원재단 사회적경제연구소장)

> 이론이 없는 경험은 맹목(盲目)이고 경험이 없는 이론은 지적
> 유희에 불과하다.

철학자 칸트의 말이다. 여기서 이론은 이성으로, 경험은 실
천으로 의역되기도 한다.

무릇 공부하는 자는 이론과 실천, 양쪽을 살피고 그 둘의 결
합을 추구해야 한다는 뜻이다. 그러나 말처럼 쉽지 않은 일이
기에 사회적경제 연구자 가운데도 담론과 현장 운동 모두에 능
통한 이는 흔하지 않다.

오래 보아온바, 김신양은 그 흔치 않은 연구자들 가운데 하
나다. "지속가능한 협동조합운동을 위하여"라는 부제를 달고

있는 이 책의 문제의식도, 애초 현장 조직들의 고민으로부터 길어 올린 것 같다. 그러면서도 협동조합의 역사와 원칙으로부터 그 답을 찾으려 고심하고 있다.

오늘날 협동조합을 곤경에 빠트리는 난제라고 그가 지목한 '돈'과 '민주주의'의 문제는 어찌 보면 협동조합의 숙명적 아이러니에서 비롯되는 것이다. 자본주의를 반대하고 넘어서고 싶어 하지만 정작 조직은 자본주의 시장에서 생존하고 발전해야 하는 게 협동조합의 숙명이다. 그러니 협동조합을 유토피아의 실현 수단으로 여겼던 이들과 기업 모델로서의 생명력을 강화하고자 했던 이들 사이의 갈등은 필연적인 것이었다. 이른바 협동조합의 아버지라는 오언(R. Owen)이 로치데일에서의 성공을 기뻐할 수 없었던 이유이고, 또한 그의 추종자였던 킹(W. King)이 스승의 노선을 버렸던 까닭이다. 그리고 사업체와 결사체 사이의 딜레마는 협동조합의 정체성이라는 꼴로 시도 때도 없이 우리 앞에 들이닥친다.

하지만 이 딜레마를 양자택일의 문제로 보거나, 또는 어떤 쪽의 무게를 조금 더 크게 잡는 방식으로 풀려고 하는 순간, 우리는 협동조합의 본령에서 벗어나 일을 그르치게 된다. 그러니까 "협동조합은 사업체의 성격을 조금 더 우선시해야 한다"느니, 또는 "결사체와 사업체의 비중은 50:50로 해야 한다"느니

하는 따위의 언설들이 그런 경우다.

이에 관한 한 김신양의 진단은 정확하다. "돈의 문제는 사람의 문제이고 사람의 문제는 민주적 통제의 문제"라는 그의 결론은, 돈과 민주주의의 문제가 마치 동전의 앞뒷면처럼, 서로 구분되지만 결코 다른 두 개가 아니라는 '불일불이'(不一不二)의 속성을 말하고 있다. 협동조합의 정신과 원칙에 충실한 항로를 따라갈수록 자본의 부족이나 오용(誤用)이 만들어 낸 암초들을 잘 헤쳐 나갈 수 있다고 조언한다.

협동조합과 사회적경제에 관심 있는 이들이라면 꼭 읽어 보기를 권한다. 조직 운영에 관한 당장의 고민에 맞춤식 해답은 아닐지라도, 해답이 서식하는 곳의 지도 보는 법 정도는 일러 줄 것이다.

불안한 한국 협동조합운동, 원인은 돈과 민주주의에 있다

돈과 민주주의는 협동조합을 하는 사람들에게 가장 골치 아픈 주제다. 왜냐하면 갑질 하는 기업이 아니라 서로 존중하고 존중받는 민주적인 기업이 좋아서 협동조합을 선택했는데, 막상 시작하고 나서 바로 닥치는 문제는 돈을 벌었냐 못 벌었냐, 많이 주냐 적게 주냐 하는 걸로 사람들과 부딪히기 때문이다. 그리고 협동조합을 민주적으로 운영하려면 조합원들이 참여하고 주인 노릇을 해야 하는데 시간이 없다고 하거나 부담스러워하는 모습을 보면, 조합원들은 사업이 잘되는 것을 바랄 뿐, 민주적인 운영에는 그다지 관심이 없는 것 같다고 생각하게 된다.

이럴 때 우리는 어떤 선택을 하게 될까?

다수가 선택하는 첫 번째 노선은 "우선 사업을 안정화하고 나중에 여유가 생기면 제대로 조합원 조직화 사업을 해서 조합원이 참여하는 민주적 운영을 하자"이다. 일부 소수가 선택하는 두 번째 노선은 "우리가 꼭 돈 때문에 시작한 것도 아니고 하루아침에 사업이 잘된다는 보장도 없으니, 좀 쪼들리더라도 교육도 하고 조직화 사업도 해서 조합원이 주인 되는 민주적 운영의 기반을 닦자"는 것이다. 물론 이 둘 사이에서 갈팡질팡하며 그네 뛰는 쪽도 있다.

그런데 이런 상반된 노선이 나오는 데는 협동조합에 대한 이분법적 해석이 작용한 측면이 있다. 무슨 말이냐 하면 협동조합은 사업체이자 결사체라는 이중의 본질을 가지고 있고, 사업체는 돈을 버는 활동을 하고 결사체는 운동, 즉 돈 안 되는 활동을 하기 때문에 이 둘을 동시에 하는 것은 아주 어렵다는 인식이 생겼다는 뜻이다.

협동조합을 사업체와 결사체의 이중 구조로 사고하다 보니 현실에서는 돈이냐 민주주의냐의 갈등이 생긴다. 그래서 답을 찾으려고 조합원들을 보니, 사업이 잘되지 않으면 난리가 나는데 민주주의가 잘 되는지 안 되는지에는 크게 신경 쓰지 않고 별말도 없어서 사업 쪽으로 기울게 된다. 그렇게 사업은 남지만 협동조합에서는 멀어지게 된다.

내가 이 책을 쓴 이유는 이 지루한 논쟁에 참여해서 시시비비를 가리기 위해서가 아니다. 그보다는 정말 협동조합의 지속가능성을 보장하는 요체가 무엇인지 찾아보자는 것이다. 하지만 그 요체를 기존의 다양한 경제학 이론이나 경영학 이론을 가지고 찾지는 않을 것이다. 바로 협동조합의 역사에서, 협동조합운동의 흐름을 만든 국제협동조합연맹(International Cooperative Alliance, 이하 ICA)의 원칙에서, 그리고 국내외 현장 사례에서 찾을 것이다.

정치적 신념이 어떠하든, 종교적 믿음이 무엇이든, 무엇을 먹고 사는 문화이든, 그것을 서로 존중하며 공존하기 위해 인간이 발명한 제도가 민주주의다. 그렇듯 협동조합에서 민주주의는, 모두 다른 사람들이 공통의 필요와 열망을 찾고 그것을 충족시킬 수 있도록 절차와 방법을 만드는 협동의 도구이다. 그러하기에 민주주의는 협동조합의 지속가능성을 보장하는 동력이 된다. 300년 협동조합의 역사가 그것을 가르쳐 주고 있고, 그래서 '민주적 통제'는 협동조합의 정의와 원칙 모두에 포함되어 있다.

하지만 현실에서 협동조합은 민주적인 운영의 틀을 잡고 그것을 잘 발전시키기 위해서 돈과 시간을 별로 투여하지 않는다. 그것보다는 돈벌이 사업에 치중하고, 그 사업을 하는 방식에 알게 모르게 일반 기업의 논리가 침투해 있다. 문제는 그래서 잘되기보다는 오히려 위험에 빠진 사례가 많다는 것이다. 엇나가고 있었고 그 엇나감을 자각하지 못하는 경우가 많았다. 그래서 내가 감지한 위험을 알리고, 그런 위험에 직면했을 때 무엇을 해야 할지 제안하려고 한다.

먼저, 이 서문에서는 조금 생뚱맞지만 내가 '협동조합 덕후'가 된 계기를 얘기하려고 한다. 굳이 개인사를 소개하는 까닭은, 이 글의 독자들이 협동조합의 현재 문제를 회피하지 않고 직면했으면 하는 마음과, 현재의 문제를 넘어 한국 사회에서 협동조합운동을 자부심을 갖고 당당하게 펼쳐 보려는 뜻을 품었으면 하는 소망 때문이다.

협동의 힘이 만들어 내는 기적

나는 자타가 공인하는 협동조합 덕후다. 이렇게 공공연히 떠들고 다니게 된 데는 계기가 있다. 그 첫 번째 계기[1]는 2015년,

---

1   이 부분은 『무위당사람들』71호(2020. 6)에 '나를 찾아온 협동조합'이라는 제목으로 쓴 원고에서 발췌하여 재구성했다.

바야흐로 한국 사회가 저성장시대에 들어서서 협동조합들이 불안에 떨 때였다. 당시 나는 협동조합들이 어떻게 저성장시대를 슬기롭게 살아갈 수 있을지 찾아보기로 했다. 그러다 우연히, 프랑스 파리 18구의 한 동네에서 유기농 수퍼마켓을 열기 위해 준비하는 '라루브(La Louve)'²라는 소비자협동조합이 있다는 소식을 듣고 깜짝 놀랐다. 왜냐하면 그 동네는 내가 한때 살았던 곳과 아주 가까웠기에 얼마나 악명 높은지 잘 알고 있었기 때문이다.

이름도 재밌는 금방울가(Gouttes d'or)는 파리지앵들이라면 모르는 이가 없는, 소위 '위험한 동네'로 알려져 있다. 거리엔 온통 아랍과 아프리카 출신들이 떠들고 있고, 공원 한쪽에는 아프리카 출신 여성들이 아이를 안고 업고 장사를 하고 있으며, 곳곳엔 할랄 정육점과 빵집과 식당이 그득하다. 내가 사는 집 바로 뒤에는 생계형 매춘을 하는 여성들이 줄지어 서 있고, 거리에서는 껄렁껄렁해 보이는 청년들이 큰 소리로 떠들며 농담을 주고받거나 싸우거나 서로 조롱하거나 위협하는 소리가 들렸다. 건너편엔 이슬람 사원이 있어 예배를 볼 때는 길 가득 무

---

2   프랑스어로 'La Louve'는 늑대인 'Le Loup'의 여성형이다. 유럽에서 늑대는 돌보고 기르는 양육자의 이미지를 가진다.

슬럼들이 바닥에 엎드려서 절을 하고 있으며, 밤에는 마약 거래가 이루어지던 곳. 백주 대낮에도 한편에서 불법과 탈법과 비공식적 거래로 늘 경찰 사이렌 소리가 들리는 곳. 여기가 파리인지 북아프리카인지 구분이 안 될 정도로 온통 알록달록한 아프리카식, 아랍식 장식품과 옷이 가득한 가게와 식당이 즐비하던 곳이었다. 한마디로 가난한 이민자 출신들의 거리, 위험한 거리, 은밀한 거래가 이루어지는 거리, 시끄럽고 정신없는 거리, 파리 속 식민지 같은 거리였다. 그런데 '우아한' 유기농협동조합이 그곳에 문을 열다니! 이건 정말 난데없으면서도 설레는 시도였기에 자세히 들여다보았다.

라루브는 설립 전에 이미 다양한 조합원 활동을 하고 있었고 홈페이지도 개설되어 있었다. 그들이 준비하는 협동조합의 모델은 미국 뉴욕시의 브루클린에 있는 '파크슬로프푸드쿱(Park Slope Food Coop, 이하 PSFC)'[3]이었다. 그리고 파리에서 라루브의 설립을 준비하는 핵심 인물은 미국인 청년 톰(Tom)과 브라이언(Brian)이었다.

PSFC 수퍼마켓은 아주 저렴한 가격에 친환경 로컬푸드를

---

3   라루브의 홈페이지에 소개된 PSFC의 동영상 'Reportage sur la Park Slope Food Coop' : https://www.youtube.com/watch?v=RwRG6stOIOI

공급하고 있으며, 그럴 수 있는 비결은 바로 모든 조합원이 매달 2시간 45분씩 제공하는 노동이었다. 여기는 출자금만 낸다고 조합원으로 받아주지 않는다. 그보다 더 중요한 조건은 반드시 4주마다 2시간 45분 노동을 제공해야 한다는 것이다. 사회복지사든 예술가든 철도노동자든 교사든 남자든 여자든 노인이든 청년이든, 누구라도 이 조건에 동의해야 가입할 수 있고, 이 약속을 지켜야 조합원 자격을 유지할 수 있다.

그렇게 조합원의 노동 참여로 이루어지는 PSFC의 운영은 실로 놀라왔다. 유기농 로컬푸드가 시중의 절반 가격이었고, 심지어 관행농으로 생산되는 농산물보다 더 싼 것도 많았다. 한마디로 '유기농은 비싸다'라는 이미지를 파괴하고 '유기농의 민주화'를 이룬 쾌거였다.[4]

내게 새로운 세상이 열렸다. '사람들의 결사체'라는 협동조합이 가진 힘, 즉 돈이 아닌 사람의 힘, 노동의 힘으로 "이 좋은 것을 나만이 아닌 모두가 누릴 수 있다"는 것을 보았다. 소수의 희생이 아니라 다수의 커다란 협동이 이루어진다면, 그것을 조직할 수 있다면, 돈의 지배에서 벗어날 수 있는 협동조합이 가

---

4   파크슬로프푸드쿱에 대한 상세한 소개는 필자가 2015년에 쓴『지역살림과 협동노동의 협동조합』(『모심과살림』6호)을, 라루브에 관해서는 2019년 한살림재단에서 발간한『생명협동연구 보고서』를 참조하기 바란다.

능하다는 것을 알게 되었다.

그리고 무엇보다도 중요한 깨달음은 "협동조합이 무엇을 어떻게 협동할 것인가"에 대해 그동안 아주 구체적으로 설계하지 않았다는 사실이다. 라루브의 설립자 톰이 가진 문제의식도 바로 이것이다. "왜 협동조합은 자본은 공동으로 소유하면서 노동은 공동으로 소유하지 않는가?" 그 순간 나는 유토피아로 가는 좁은 문의 열쇠를 발견했다.

평화운동으로서 협동조합의 전통

내가 '협동조합 덕후'가 된 두 번째 계기는 협동조합운동의 궁극적인 목적을 알게 되었기 때문이다. 협동조합의 덕후로서 내 덕질의 정점은 실추된 협동조합의 명예를 회복하는 일이었다. 왜냐하면 우리 사회에서 협동조합은 최선이 아닌 차선으로, 시도할 만한 가치가 있는 일이라기보다는 살기 위한 궁여지책으로 인식되는 것을 많이 보았기 때문이다. 예컨대 협동조합은 일자리를 구하기 어려운 실업자들이나 나이 들어 취업하기 어려운 사람들이 할 수 있는 선택, 돈도 없고 경험도 부족해서 혼자 힘으로는 창업하기 어려운 사람들을 위한 대책 정도로 간주되었다. 아무리 좋은 말로 포장해도 결국 협동조합은 경쟁 사회에서 경쟁력이 떨어지는 사람들의 선택지이거나, 뾰족한 수가 없는 사람들끼리 힘을 합해 살길을 마련하려는 '인생 이 모작' 정도로 여겨졌다.

이렇게 된 데는 2012년 말에 '협동조합기본법'이 제정된 후 각 기초자치단체에서 지역 주민들을 대상으로 협동조합식 창업을 독려하는 강좌들을 무분별하게 개최한 탓이 크다. 심지어 서울시에는 "5명 이상이면 쉽게 만드는 협동조합"이라는 포스터가 마을버스나 지하철 등 공공장소에 나붙었다. 협동조합이 무슨 '독수리 5형제'도 아니고 다섯 명만 모이면 뚝딱 만들어질 수 있는 것처럼 주민들을 현혹(?)하는 광고가 도처에 깔렸다. 이런 분위기 속에서 각 지역의 주민들은 협동조합을 설립하면 정부의 지원을 받을 수 있겠거니 하며 너도나도 설립 강좌를 신청했고, 언론에서는 우후죽순처럼 협동조합이 설립되고 있다고 보도했다.

이러다 보니 협동조합은 마치 정부의 정책으로 인식되었고, 협동조합을 설립하는 사람들을 정부의 지원을 노리고 덤벼드는 기회주의자들로 여기는 사람들—담당 공무원, 언론, 연구자 등—의 비아냥거리는 목소리가 들렸다. 아니나 다를까. 법 시행 후 2013년에 나온 실태 조사에서, 설립된 협동조합의 가

동율이 40~60%라는, 즉 나머지는 이미 문을 닫았거나 개점 후 휴업 상태라는 결과가 나왔다.[5]

이렇게 한없이 떨어지는 협동조합의 명예를 두고 볼 수만은 없었다. 물론 지푸라기라도 잡는 심정으로 협동조합에 의지해 보겠다는 사람들이 많은 것도 사실이다. 특히나 재래시장의 상인들을 비롯하여 사양산업 종사자들, 무너지는 상권의 소상공인들은 다른 선택지가 없었기 때문에 협동조합으로 재기를 도모하고자 했다. 그러나 이런 '지푸라기파'들만 있는 건 아니다. 사람들의 필요와 열망은 단지 경제적 목적에만 머물지 않고 훨씬 다양하다. 오랫동안 튼실한 기업을 운영했던 중소기업의 대표는 이제 혼자만 고군분투하지 않고 직원들과 같이 운영하며 부담을 덜고 싶다고 했다. 주식회사가 아니면 함께 창업할 방도가 없었는데 평등한 관계와 민주적인 운영 원리를 가지는 협동조합으로 운영하고 싶다는 언론인, 문화예술인, 교육자, 출판인들처럼 '민주주의와 자율파'들의 열망도 터져 나왔다. 또한 마을에서 지역에서 함께 참여하고 돌보며 공동으로 소유하는 기업을 만들고 싶다는 '공동체파'들 또한 적지 않았다.

---

5   2013년 한국보건사회연구원에서 발간한 『협동조합 실태 조사 및 기본계획 수립을 위한 기초 연구』를 참조할 것.

이러한 상황에서 나는 협동조합의 명예 회복을 하려면 그 역사를 다시 써야 한다고 생각했다. 그래서 2021년 말에 『처음 만나는 협동조합의 역사』를 발간했다. 이 책의 추천사를 쓴 저명한 사회적경제 학자인 자끄 드푸르니(Jacques Defourny) 교수 또한 나의 취지에 적극 공감했다. 왜냐하면 그는 한국의 상황을 잘 알고 있었고, 그 자신이 프랑스 노동자협동조합에 대한 논문으로 박사 학위를 받았으며, 주택협동조합이 공급하는 집에서 가정을 이루며 살아온 경험이 있기 때문이다. 그래서 그는 한국의 독자들에게 이렇게 전했다.

일제강점기에는 자율적인 협동조합운동이 억압되었고, 군사독재시절에는 개발의 도구로 활용되었기에 협동조합의 이미지를 회복하는 것도 필요합니다. 또한 이 책을 통해 협동조합이 단지 가진 것 없는 사람들의 생존수단이 아니라 다르게 살겠다는 삶의 선택이며, 자유롭고 자발적으로 결사하여 자신의 운명을 스스로 책임지고자 하는 의지의 표현이라는 것을 확인하면 좋겠습니다.

이 책을 쓰면서 나 또한 엄청 많은 것을 알게 되었는데 그중 압권은 ICA의 설립 시기와 이유이다. ICA 설립의 주역이 프랑스의 남부에서 협동조합운동을 한 드부아브(Edouard de Boyve)라는 건 어느 정도 알려져 있다. 하지만 그가 자신의 돈을 써 가면서 백방으로 뛰어다녔고, 영국과 이탈리아의 협동조합 리더들을 만나 ICA를 설립하려고 총력을 기울였던 까닭이 무엇이었는지 알고 있는 사람이 몇이나 될까? 나는 그 궁금증을 풀 수 있는 단서를 발견하고 깜짝 놀랐다. 그것은 드부아브가 1887년 영국 협동조합대회에서 공식적으로 ICA 설립을 제안한 후 작성한 보고서이다. 이 보고서에 따르면 당시 ICA 설립의 핵심 멤버들은 좌파와 우파의 이념적 대립이 격화된 시기에 대해 심각한 우려를 표명하며 모든 사회문제를 점진적이고 평화적인 방법으로 해결하고자 했다. 이를 위해 협동조합이 계급과 신앙, 인종적 차별을 두지 않고 모든 사람을 위한 결사체임을 보여 주기를 원했다. 그래서 ICA의 설립자들은 "모든 나라의 협동조합인들의 힘을 모아 상호부조와 사회 평화의 사상을 전파하고, 이를 통하여 모든 관대한 심성을 가진 이들이 믿고 있는 이상인 세계 평화를 이룩하자"(de Boyve, 1889)는 목표를 설정했다. 그러니까 ICA가 1895년에 급히 만들어진 이유가 바로 이념 갈등으로 인해 불안한 사회와 제국주의의 발흥으로 전쟁의 위험이 커지던 시기, 사회의 평화와 세상의 평화를 위해 협동조합인들이 먼저 나서자는 뜻이다.

이 얼마나 숭고한 이상인가. 내가 공공연히, 당당하게 협동조합 덕후를 선언한 까닭도 여기에 연유한다. 협동조합운동은 자신의 이념을 갖되 다른 이념을 가진 이들을 죽이지 않아야 한다는, 죽도록 반대할 수 있어도 죽이지는 말아야 한다는 민주주의와 평화의 운동이다. 그러하기에 협동조합은 단지 먹고 사는 문제를 해결하기 위한 수단이 아니라 사회와 세상의 평화를 위해 협동의 문화를 전파하는 숭고한 전통을 가진 운동인 것이다.

그러므로 ICA 설립은 단지 협동조합의 역사에만 남을 기록이 아니라 인류 공통의 문화유산으로서의 가치를 가진다고 할 수 있다. 그리고 나는 협동조합의 역사에 대한 책을 쓰면서 선구자들의 이상을 알려 협동조합의 명예를 회복해야 한다고 생각했다.

하지만 삐긋거리는 현실, 어긋나기 시작하는 협동조합운동

그런데 어느 순간, 위기의 신호가 감지되었다. 부실한 협동조합이 많다는 것은 이미 알고 있었고, 경험이 부족한 협동조합들이 파행적으로 운영되는 것을 보면서 안타까운 마음이 들었지만 그러려니 했다. 하지만 경험도 있고 사회의식도 있는 주체들이 설립한 협동조합들에서 이해할 수 없는 관행이 포착되기 시작했다.

먼저 거대한 협동조합연합조직이 주도해서 만든 재생에너지협동조합이 출자에 대한 고정배당을 약속하며 조합원을 모집했고, 잉여가 충분히 발생하지 않자 조합원들과의 약속을 어기게 되어 곤란해졌다는 사실을 알게 되었다. 그리고 시민사회운동과 협동조합 경험이 상대적으로 많은 조합원들이 만든 한 협동조합에서도 배당을 약속하며 조합원을 모집하는 공고를 냈을 때 뜨악했다. 이후 이 협동조합을 방문해서 인터뷰를 해보니 그 조직은 잉여가 발생한 시점부터 배당을 하기 시작했는데 그 총액이 엄청났다. 그러다 보니 최소한의 법정 적립금으로 비축해 둔 돈은 신규 발전소 시설을 짓는 데는 턱없이 부족하여 사업이 진전되지 않았다. 게다가 이런 재생에너지협동조합들의 연합회에서는 운영비가 부족하여 프로젝트를 받아 운영하기 위해 계약직을 고용할 수밖에 없다는 실무 책임자의 고충을 들었다.

또 한번은 페이스북에서 어느 활동가이자 연구자가 출자금에 대해 10% 배당을 받았다며 자랑하는 포스팅을 보았는데, 시중의 금융기관보다 높은 자본수익율을 보장하는 협동조합의 운영 방식에 문제를 느끼지 못하는 것이 이해가 되지 않았다. 그 와중에 지방의 한 협동조합이 조합원 차입금으로 부족한 자본을 메우다가 은행 이율 상승과 더불어 이자 지급으로 자금 압박을 받아 총체적인 난국에 직면했고, 상근자 인건비는 체불되어 긴급대책을 마련하는 지경에 이르렀다는 것을 알게 되었다.

이렇듯 다 열거하기 어려울 정도로 비정상적인 운영 사례가 많이 발견되었다. 급한 마음에 긴급히 강좌를 마련하여 진행하면서 또 한 번 놀라운 사실을 발견했다. 한국의 협동조합기본법은 출자금에 대해 10%까지 배당을 허용하고 있었고, 조합원의 책임은 출자에 한정한다는 조항부터 시작하여 협동조합의 전통에 어긋나는 조항이 도처에서 발견되었다. 그래서 다시 ICA에서 발간한 협동조합 원칙에 대한 가이드를 꼼꼼히 살펴보았는데, 한국어 번역본을 보니 원본과는 다른 해석과 오역이 곳곳에 있었다.

그러니까 현장에서 벌어진 일들은 단순히 미숙함이나 경험 부족 때문이 아니었던 것이다. 우선 협동조합의 전통과 원칙을 벗어나는 법과 제도의 문제가 있었고, 그것은 협동조합기본법을 만든 주체들이 협동조합의 전통과 원칙에 어긋나는 운영 원리를 도입했기 때문이다. 또한 그로 인해 협동조합이 어려움을 겪거나 부실하게 운영되어도 제대로 된 진단이 이루어지지 않아 적절한 대책을 수립할 수 없었기 때문이다.

그러면 어디서부터 어떻게 문제를 풀어야 할까? 이 모든 문제가 얽히고설켜 있지만 고통받는 것은 '현장'이다. 그러니 법과 제도의 개선 이전에 먼저 협동조합의 현장에서 직접 협동조합을 만들고 운영하는 당사자들이 문제의 심각성을 깨닫고 해결하기 위해 나서야 한다고 생각한다. 그 누구의 일이 아닌 자신들의 일이기 때문이다.

나로부터 시작하는 협동조합운동

협동조합은 사람들의 결사체이다. 돈이 주인이 아닌, 사람이 주인인 조직이다. 그 사람들이 협동하는 관계로 결속해서 협동조합을 민주적으로 통제해야 한다. 이러한 특성을 가진 협동조합을 운영하려면 협동조합의 원칙을 제대로 알고, 정확히 이해하고, 어떻게 적용해야 하는지 교육과 훈련이 필요하다.

그런데 조합원 노릇이 무엇인지 알지 못하고, 조합원 노릇을 할 생각도 준비도 안 된 사람들을 모아 협동조합을 운영하고 있다. 그러다 보니 출자금은 입장료처럼 생각하며 형식적으로 가입해서 손 놓고 무관심한 조합원이 다수다. 협동조합에 쉽게 가입하게 하려다 보니, 필요한 자본을 계산하여 출자금을 모으지 않고 최소한의 출자금만 받아 사업 개시 후 바로 자본난에 봉착한다. 하물며 이용 실적도 부진하니 잉여를 남기기는커녕 운영비 조달도 어려워 출자금을 까먹고 산다. 이런 상황에서 무엇을 어떻게 협동할 수 있겠는가?

협동조합은 얼렁뚱땅 만들 수 있는 조직이 아니다. 교육 좀 받고, 선진 사례 방문하고, 지원 조직의 도움을 받아서 모범 정관을 베끼고 행정절차를 통과해서 인허가를 득했다고 협동조합이 만들어지는 것은 아니다. 협동조합은 우리가 생각하는 것보다 훨씬 더 복잡하고 체계적인 구조를 가지는 조직이다. 그러하기에 그 원리를 단번에 알기는 어렵다. 돈 아닌 사람들의 결사체이므로 그 사람들이 참여하여 운영할 수 있는, 그렇게 작동할 수 있도록 치밀한 설계가 필요하다. 조합원이 출자하고 그들이 1인 1표를 행사하여 의사결정하는 구조를 가진다는 것을 안다고 해서 조직을 운영할 수 있는 것은 아니다.

어떻게 자발적으로 참여하여 주인 노릇을 하게 할 것인지, 어떻게 조합이 제공하는 재화와 서비스를 이용하게 할 것인지, 그러려면 무엇을 어떻게 협동해야 할지, 그 모든 구상을 실현할 수 있는 설계가 있어야 한다. 설계도 없이 어찌 집을 지으라! 하지만 설계도가 있다고 해서 다 집을 지을 수 있는 것은 아니다. 설계도를 볼 수 있는 눈, 그래서 잘못 지을 때는 부수고 다시 짓고, 낡으면 수리하고, 고장나면 고칠 수 있는 능력이 있어야 한다.

협동조합 만들기는 어렵고, 운영하기는 더 어렵다고 한다. 그러하기에 ICA는 오랜 기간 협동조합의 원칙을 만들었고, 1995년에는 협동조합의 정의와 가치와 7원칙을 포함한 협동조합의 정체성을 선언했다. 협동조합의 7원칙을 '성공하는 협동조합의 일곱 가지 원칙'이라 부를 만큼, 원칙을 알고 운영하면 최소한 망하지는 않고 지속가능할 수 있다.

그런데 그 원칙은 사문화되었고 자본 기업의 논리가 깊숙이 침투해 있다. 자본주의 사회에서 자본 기업의 관행에 물들어 있는 것은 당연한 일이다. 하지만 최소한 스스로 물들어 있다는 것을 자각해야 협동조합다운 운영을 할 여지가 생긴다. 그러하기에 항상 협동조합의 원칙에 비추어 운영하는지 점검해야 한다. 원칙에 맞게 운영하기 어렵다 할지라도, 최소한 어떻게 하면 그 원칙을 잘 실현할 수 있을지 고민하고 연구하며 한 걸음 또 한 걸음 가는 것이야말로 진정 협동조합인들의 실천이라 할 수 있을 것이다.

이런 문제의식을 담아 이 책을 썼다. 책이라기보다는 위기를 알리는 알람이며, 어디서부터 위기가 시작되었는지에 대한 진단이며, 함께 이 위기를 탈출하자는 제안이다. 그래서 사태의 심각성을 알리기 위하여 불편할 수 있는 현실을 그대로 드러내기도 했다. 개별 조직의 문제만이 아니라 많은 조직이 안고 있는 공통의 문제이기에 공론화하여 함께 풀어 가자는 취지다. 그러기 위해 내가 관찰한 현상을 분석하고, 원인을 진단하고, 해결을 위한 관점과 방향을 제시할 것이다. 그러니 자신의 모습을 직면할 용기, 잘못 끼운 단추를 풀 용기, 넘어진 곳에서 땅을 짚고 일어날 용기를 내기 바란다. 그리고 나로부터 시작하여 거대한 협동의 힘이 만들어 낼 협동사회, 그 협동사회가 만들어 갈 평화의 세상에 대한 열망을 품고 읽는다면 더할 나위 없이 감사하겠다.

제1부

협동조합을 제대로 하려면
원칙이 중심에 서야 한다

협동조합은 자발적이고 자유롭고 진보하는 결사체로서 적대적
인 환경에서 진화한다. 그 환경에서 자신의 무기를 버리면서,
협동조합이라는 조직, 협동의 정신, 협동하는 사람들을 통해
발전한다.

이 문구는 학자이자 정치인이었으면서 그 누구보다도 열렬
한 평화주의자이자 협동조합운동가였던 마르셀 모스(Marcel
Mauss)가 1920년에 소비자협동조합의 성격에 대해 쓴 글의 한
부분이다.[6] 나는 이 문구만큼 간결하면서도 정확하게 협동조합
의 특성과 더불어 협동조합만의 강점을 통찰한 표현을 보지 못
했다. 여기서 '적대적인 환경'이란 자본주의 체제에서 사람들
이 자신의 세계에만 갇혀 개인적 이익만을 추구하는 공리주의

---

6   Marcel Mauss(1920), 'Société de consommateurs ou commune de consom-
mateurs? Remarques'. in Marcel Fournier(1997), *Ecrits politiques*, p. 331.

적 태도를 뜻한다. '협동의 정신(génie)'이란 협동조합만이 가지는 특별한 능력으로서 개인적인 이익이 아닌 공동의 이익을 추구하는 것을 뜻하며, 이것은 개인으로 나눌 수 없는 적립금 조성을 가리킨다. 마르셀 모스 이전의 협동조합 선구자들도 공동의 재산인 적립금 조성을 협동조합이 발전하고 진화하는 데 가장 중요한 토대로 간주했다. 마지막으로 '협동하는 사람들'이란 자신을 희생하지 않으면서도 자신만의 세계를 벗어나 공동의 이익을 추구하는 사람들을 뜻한다. 그러니까 협동조합이 어려운 조건에서도 발전할 수 있는 세 요소는 공통의 필요와 열망을 충족시키기 위해 자발적으로 결사한 사람들, 공동으로 소유되는 자본, 민주적으로 통제되는 조직인 것이다. 이 세 가지 요소 또는 세 축이 협동조합이 발전하고 진화할 수 있는 토대이다.

당시의 많은 협동조합운동가와 마찬가지로 모스는 소비자협동조합을 지지하며 높이 샀다. 왜냐하면 소비자협동조합은 민주주의와 떼려야 뗄 수 없는 관계를 가지는 시민의식을 길러주는 조직이라고 생각했기 때문이다. 그렇게 생각할 수 있었던 까닭은, 협동조합을 운영하는 데 필요한 원칙의 토대를 마련하고 협동조합 간의 협동 체계를 구축하였으며, 나아가 국제협동조합운동 연대체의 싹을 틔운 '로치데일의 공정개척자회'

(Rochdale society of equitable pioneers)'[7]의 실천과 경험이 있었기 때문이다. 오늘날 전 세계 협동조합인들이 공유하는 협동조합의 정의와 가치와 원칙은 이렇듯 190년 전의 전통에서 시작되었고, ICA의 노력을 통해 협동조합의 정체성으로 발전했다.

---

[7] 이에 관한 역사는 김신양, 『처음 만나는 협동조합의 역사』(2021, 착한책가게) 2장을 참고하고, 보다 구체적인 역사는 홀리요크(George Jacob Holyoake)가 1857년부터 1892년까지 쓰고 정광민이 옮긴 『로치데일 공정선구자협동조합 ─ 역사와 사람들』(2013, 그물코)을 참고하기 바란다.

1장

이토록 중요한
협동조합의 원칙!

'로치데일의 공정개척자들'이 만든 협동조합 '제1법'

나는 2001년에 한국협동조합연구소 장종익 전 소장님과 함께 『성공하는 협동조합의 일곱 가지 원칙』[8]이라는 책을 편역한 바 있다. 당시 협동조합의 경험도 부족했고 전문적인 지식도 없었지만 영어 실력이 조금 있다는 이유로 함께 작업을 했을 뿐이다. 하지만 그로부터 22년이 흐른 지금에 와서 생각해봐도 그 제목은 정말 딱 맞는 말인 것 같다. 협동조합이 성공하려면, 아니 협동조합이 협동조합답게 지속가능하려면 다른 비

---

8   장종익·김신양 편역, (사)한국협동조합연구소 출판부, 2001.

법이 없다. 그 '7원칙'⁹을 잘 알고 잘 실천하면 된다.

하지만 말이 쉽지 잘 실천하기란 쉽지 않다. 또 어떻게 하는 것이 잘하는 것인지 그 기준 또한 애매하다. 예컨대 매년 꼬박 꼬박 총회를 개최하고 그 총회에서 조합원들(대의원들)이 1인 1표를 행사하여 이사진을 뽑고 다음 해의 사업과 예산을 통과시키고 무사히 총회를 마치면, 제2원칙인 '조합원에 의한 민주적 통제'를 잘 지켰다고 할 수 있을까? 또는 다섯 번째 원칙은 '교육, 훈련, 정보 제공'인데, 이에 따르면 신입 조합원들에게 협동조합에 대한 교육을 의무적으로 해야 하는 걸까? 일반 조합원들은 아니더라도 운영을 책임지는 이사진은 협동조합에 대한 이해가 있어야 하는데 이들을 대상으로 교육을 준비해도 참석하지 않을 때는 어떻게 해야 할까? 또 교육과 훈련과 정보 제공의 차이는 무엇일까? 등등.

이런 까닭에 일곱 가지 원칙을 잘 실천하려면 우선 각각의 원칙을 잘 알아야 한다. 그냥 1원칙은 뭐고 2원칙은 뭔지 줄줄 외운다고 되는 것이 아니라—물론 다 외우는 사람들도 별로 없지만—그 짧은 표현 속에 들어 있는 실천적 의미를 정확히 이해해야 한다. 하물며 지금의 우리도 이러한데 그 과거에, 법

---

9   '협동조합의 7원칙'은 462쪽 '참고 2'에 소개했다.

과 제도도 없었을 당시 협동조합을 만들고 운영했던 선구자들은 얼마나 난감했을까? 소위 '맨땅에 헤딩'하는 심정이었을 것이다. 좋은 뜻과 목적으로 시작한 많은 협동조합들이 어려움을 겪고 얼마 안 가서 문을 닫는 일이 속출했다.

그런데 뗏목을 타고 망망대해를 건너는 일 같았던 협동조합 영역에서 망하지 않고 탄탄한 협동조합을 만들어 살아남은 협동조합이 생겼다. 지속했을 뿐만 아니라 성장하고 번영하여 "협동조합은 이렇게 운영하면 돼"라는 '협동조합 레시피'를 발명한 사람들이 있었다. 그들이 바로 1844년, 영국의 공업도시 맨체스터 북부의 작은 도시에서 탄생한 '로치데일의 공정개척자회'이다.

돈도 없고 배움도 많지 않았던 방직공들이 열악한 조건에서도 회(society)를 만들어 지속할 수 있었던 비결은 바로 그들 스스로 만든 원칙 덕분이었다. 남들은 다 외상으로 거래해도 그들은 꼭 현금으로 거래해서 재정 안정성을 도모했으며, 조합원들의 충성도를 끌어내기 위해 조합과 많이 거래한 이들에게 혜택을 주었으며, 잉여는 배당하지 않고 적립하여 공동의 목적을 위한 사업과 교육에 쓰는 등 지금 우리가 적용하는 협동조합 7원칙의 대부분이 그들의 운영 방식과 원칙에서 비롯되었다.

여기서 우리는 중요한 사실을 발견하게 된다. 잘 보면 공정개척자들이 성공할 수 있었던 첫 번째 요인이 '자본 운용'에 있다는 점이다. 그들은 당시에 스스로를 '오언주의자들'[10]이라고 하면서 오언의 뒤를 이어 소비자협동조합을 만들었지만, 기존의 관행을 그대로 답습하며 방만한 운영을 하고 있음을 인식했다. 그중 가장 심각한 것이 외상 거래였다. 그래서 공정개척자들은 이 관행을 깨고 현금 거래라는 원칙을 수립한 것이다.

두 번째는 이윤 배당의 원칙이다. 공정개척자들은 출자금에 비례한 배당이 아니라, 조합원들이 협동조합과 얼마나 많이 거래했느냐에 따라 이윤을 배당하는 원칙을 세웠다. 당시 돈 없는 노동자들이 있는 돈 없는 돈 싹싹 긁어모아 출자했기에 그에 따른 보상을 주었지만, 그것은 배당이 아니라 이자의 성격이었다. 은행에 저축을 하면 이자를 주듯 출자금을 기여한 점에 대하여 이자의 형태로 보상했지만, 그 또한 엄격히 제한해야 한다는 원칙을 마련했다. 대신 조합의 사업을 적극적으로 이용하여 매출 상승에 기여한 정도에 따라 이윤을 분배하는 원

---

10 오언주의자들(owenites)이란 19세기의 사회개혁가이자 영국 협동조합의 아버지라 불리는 로버트 오언(Robert Owen)을 따르던 사람들을 일컫는다. 그들은 급진적인 사회개혁을 추구하며 협동조합운동의 선구자 역할을 했다. 오언주의운동은 공동체주의와 협동조합의 원칙에 의거하여 협동촌 설립을 추진하다가 실패하기도 했으며, 영국의 노동조합운동의 발전에도 결합되어 있다. 오언주의자들은 이미 1831년에 오언을 중심으로 협동조합대회를 개최하며 영국 협동조합운동을 이끌었다.

칙을 세웠다. 이용을 많이 해야 조합의 사업이 활성화되고 지속가능하기 때문에 그 기여를 인정하는 것이다. 조합을 설립하기 위해서는 자본이 필요하지만, 조합이 지속되기 위해서는 거래가 활성화되어야 한다. 그러니 돈이 아닌 이용액에 따라 보상하는 것은 당연한 일이다. 이것이 협동조합의 공정함이다.

마지막으로 잉여는 반드시 '공동의 돈'을 만드는 적립금으로 조성하거나 교육을 위한 '기금'을 설치하는 데 할당했다. 소비자협동조합이 이용을 목적으로 만들었으니 돈이 남았다고 다 개인적으로 배당을 해 버리면 어떻게 지속가능하겠는가? 한 가정도 아이를 키우고 집을 마련하려면 저축을 해야 하듯이 협동조합 또한 미래를 위해 저축을 해야 한다. 그러니 돈이 조금 생겼다고 나눠 버릴 것이 아니라 공동의 통장에 저축하고, 그 돈은 절대 나누지 않고 공동의 목적을 위해 사용하도록 하는 원칙을 만든 것이다. 게다가 그 잉여의 일부는 조합원들의 성장을 위한 교육 기금에 할당했다. 단지 사업의 지속가능성을 위한 목적만이 아니라 사람의 발전을 통한 사업의 지속가능성을 위한 자본 운용이 공정개척자들 성공의 비결이다.

이런 원칙을 보면 공정개척자들이 수립한 원칙은 돈이 중요하지만 돈의 힘을 제한하고, 개인의 이익도 중요하지만 개인의 이익을 제한하여 공동의 부를 만드는 커먼즈(commons)운동과 맥을 같이 한다는 것을 알 수 있다.

로치데일의 공정개척자들은 당시 이미 존재했던 많은 협동조합의 정관을 베끼지 않고 토론을 거쳐 그들만의 정관을 만들었다. 그리고 그들은 그 정관에서 밝힌 목적과 계획을 실현하는 데 타협이 없었다. 그래서 그들 사업의 목적, 사업의 기획, 그리고 궁극적으로 도달하고자 하는 바를 제1조에 담았고, ICA의 협동조합인들은 이것을 가장 우선하는 법이라는 의미에서 '제1법(first law)'이라 불렀다. 왜냐하면 정관이란 협동조합이라는 자치조직의 정부를 세우는 일이며, 그 정관의 1순위는 모든 멤버가 무엇을 어떻게 협동할 것인지, 그리고 그 협동을 통해 궁극적으로 어디에 도달할 것인지 비전을 보여 주는 것이기 때문이다. 그러니 정관 1조는 결사하는 사람들이 만든 회(society)의 정체성을 보여 주는 거울과 같다. 흔들림 없는 협동의 길을 가기 위해서는 자기에게 맞는 법을 정하고, 그것을 지켜야 한다.

1895년에 ICA가 창설될 때 로치데일의 공정개척자회에서 그 정통성을 찾겠다는 이념을 밝힌 바 있다.[11] 그것은 공정개척자회가 망하지 않는 협동조합의 원칙을 세우고 운영했기 때문

---

11 『처음 만나는 협동조합의 역사』, p. 234.

참고 ❶ : 로치데일의 제1법 (로치데일 정관 제1조)

■ 사업 목적

공정개척자회는 다음과 같은 사업을 실현하기 위하여 1파운드당 구좌로 분할된 충분한 자본을 통하여 멤버들의 금전적·사회적 여건과 가족의 여건을 향상하는 것을 목적으로 한다.

■ 사업 기획

식료품과 의류 등의 판매를 위한 상점을 개설한다. 서로 도와 가족과 사회의 여건을 향상시키고자 하는 멤버들을 위하여 일정한 수의 주거를 건설하거나 매입한다. 실직했거나 반복적인 임금 하락으로 고통을 받는 멤버들을 고용하기 위하여 공정개척자회가 적합하다고 판단되는 제품을 제작하기 시작한다. 멤버들에게 점점 더 많은 혜택과 안전을 제공하기 위하여 공정개척자회는 토지를 사거나 임대할 것이다. 이 토지는 일자리가 없거나 임금이 낮은 멤버들이 경작하도록 할 것이다.

■ 궁극적 목적

가능한 한 빠른 시일 안에 공정개척자회는 재화의 생산과 분배, 교육, 자치제도를 도입할 것이다. 달리 말하자면, 이해가 통일되고, 스스로 지탱하며, 다른 유사한 공동체의 설립을 위해 상부상조하는 다른 회에 도움을 주는 공동체를 세울 것이다.

※ 출처 : 『처음 만나는 협동조합의 역사』 p. 240.

만은 아닐 것이다. '로치데일의 제1법'을 보면 그들의 사업 기획이 단지 자신들만의 상점을 이용하기 위한 사업에만 머물고 있지 않다는 것을 알 수 있다. 즉, 조합원들의 삶의 조건을 개선하기 위한 주택의 건설, 실업에 처한 멤버를 위한 일자리 창출, 소비를 넘어 직접 생산을 조직하여 더 많은 사람에게 혜택을 주기 위한 사업의 확장, 그리고 궁극적으로는 자신들의 조직을 넘어 다른 많은 조직이 만들어지는 데 기여하고자 하는 지역사회 변화의 전망을 그리고 있다. 즉 로치데일의 제1법은 하나의 협동조합의 운영을 위한 원칙만이 아니라 장차 협동조합 지역사회를 만들 그림을 담고 있다. 그 그림을 달리 말하면 협동조합 간의 협동을 통해 만드는 협동조합운동이라 할 수 있을 것이다. 그러니 공정개척자회의 실천을 통해, 협동조합운동은 협동조합다운 원칙을 세우고 그것을 철저하게 지키며 지속가능한 모델을 만드는 데서 시작한다는 것을 알 수 있다.

국제협동조합연맹의 100년 동안의 토론

유토피아의 실현 가능성을 모색했던 이들과 기업 모델로서의 협동조합을 찾던 이들 간의 긴장과 갈등 속에서 형성되고 발전했던 역사.[12]

20세기의 저명한 협동조합 이론가이자 실천활동가였던 데로쉬(Henri Desroche)[13]는 ICA의 역사를 이렇게 요약했다. 국제협동조합대학 설립을 추진했으며, 특히 ICA의 활동에 큰 관심을 가지고 조사하고 연구하면서 ICA에 대한 강의를 한 그가 ICA의 역사를 이런 관점으로 보았다는 것은 상당히 흥미로우

---

12 'L'ACI a cent ans : regard sur une histoire mémorable, RECMA N° 259, 1996.

13 신학자이자 사회학자였던 앙리 데로쉬(1914~1994)는 20세기의 가장 저명한 협동조합 연구자 중 한 사람이다. 1957년에는 『국제협동조합 및 개발 사회학』 잡지를 발간하기 시작했으며, 1959년에는 '파리협동조합전문대학'을 설립하며 프랑스 전역에 걸쳐 유사한 기관이 설립되는 데 영향을 미쳤다. 또한 '국제협동조합대학'의 설립과 '고등사회실천연구네트워크'의 구축을 추동하며 관련 학과 과정을 개설하기도 했다. 이를 위해 10년 동안 불어권 아프리카 및 남미에서 '이동 계절 국제협동조합대학'을 조직했으며, 1986년에는 사회적경제역사도서관(BHESS)을 설립했다. 특히 ICA에 대해 많은 강의와 글을 발표했으며, 대표적인 저서는 1976년에 발간된 『협동조합 프로젝트 *Projet coopératif*』이다.

면서도 중요한 시사점을 준다. 왜냐하면 그의 관점은 우선 ICA를 협동조합이라는 조직의 성과 중심이 아니라 협동조합운동의 차원에서 그 의미를 찾았으며, 그 협동조합운동의 주체의 입장이 단일하지 않았기에 긴장과 갈등이 있었다는 사실에 주목했기에 흥미롭다. 그리고 그 긴장과 갈등 속에서 협동조합운동이 발전했다는 점이 중요한 시사점을 준다. 이를 통해 우리는, 예로부터 협동조합의 역할이 무엇인지 또는 협동조합운동의 목적이 무엇인지에 대한 관점의 차이가 있기에 긴장과 갈등이 있을 수밖에 없다는 것을 알 수 있다. 또한 협동의 운동을 지속하려면 긴장과 갈등을 피하지 않고 직면해야 하며, 그를 위해 끊임없는 토론과 상호작용을 거치며 '생각의 협동'을 이루어야 한다는 교훈을 얻는다.

그렇다면 어떤 이유로 ICA 안에 입장의 차이가 생겼으며, 그것을 어떻게 풀어 왔을까? 1895년에 창설될 당시 ICA 설립의 주체들은 비교적 유사한 이념적 배경을 가지는 인물들이었다. 그들은 협동조합운동에 대하여, 안으로는 계급 갈등으로 인한 피해를 막고 밖으로는 제국주의의 발흥으로 인한 전쟁의 위험을 막는, 사회 평화와 세계 평화에 기여하자는 취지를 가지고 평화 운동으로서의 정체성을 가졌다.[14] 그런데 초기 유럽 및 아메리카 대륙 중심의 회원 조직들로 구성되었던 좁은 서클은 점차 아시아와 아프리카 대륙으로 확대되었고, 자본주의 국가뿐 아니라 사회주의 국가의 협동조합들까지 아우르게 되었으며, 심지어 정치적, 종교적으로 다양한 스펙트럼을 가진 주체들과 조직들까지 가입하게 되었다. 이런 상황에서 평화를 위한 협동조합운동이라는 전제는 변하지 않았지만, 그 의미는 상당히 자의적이고 주관적으로 해석되기 마련이었다. 즉, 안으로는 계급 갈등으로 인한 피비린내 나는 충돌을 막고 밖으로는 전쟁을 반대한다는 의미에서의 '평화'가 있을 수 있고, 사회주의든 자본주의든 어떤 특정한 정치적인 입장을 내세우지 않음으로써 이념적 충돌을 피하자는 탈정치적인 의미로서의 '평화'가 있을 수 있다. 전자는 협동조합의 사회적 의미와 사회적 역할을 중시하지만, 후자는 경제 주체로서의 협동조합을 강조하게 된다. 그것을 데로쉬는 '유토피아의 실현'과 '기업 모델'로서의 협동조합이라는 두 가지 상(想)으로 구분한 것이다.

이런 맥락을 이해한다면 ICA 차원에서 협동조합의 원칙을 마련하는 일이 순탄치 않았으리라 짐작할 수 있다. 대륙별, 국

---

14   이 부분에 대해서는 『처음 만나는 협동조합의 역사』 4장을 참고하기 바란다.

가별, 부문별 다른 조건에 처한 현실을 인정하면서도 협동조합이라는 조직이 무엇인지에 대한 최소한의 합의는 필요하기 때문이다. 그러니 1995년에 선언한 '협동조합의 정체성'은 지향점의 차이와 그로 인해 달라질 수 있는 현실에서의 작동 방식에 대한 이견에도 불구하고 공통의 정체성을 마련했다는 점에서 의미가 크다. 이러한 노력은 100년 동안의 평화 공존을 위한 '생각의 협동'이라고 할 수 있다.

'100년 동안의 생각의 협동'은 '협동조합의 정체성' 선언에 이르기까지 세 차례 갈무리가 지어졌다. 1937년에는 4개의 의무 원칙과 3개의 권고 원칙으로 ICA 회원 조직의 기준을 정했고, 1966년에는 통합된 6개의 원칙을 마련했으며, 1992년에는 '기본 원칙' 이전에 '기본 가치'와 '윤리'를 더했다. 그리고 마침내 1995년에는, 협동조합이라는 조직의 원칙만으로는 모든 논의와 제안을 담을 수 없기에 '정의'와 '가치'와 '원칙'을 구분하고, 이 세 가지를 아울러 협동조합의 정체성으로 통합했다. 이러한 변화는 협동조합의 원칙에서 정체성으로 확장되는 과정이기도 했지만, 협동조합이라는 조직의 운영 원칙에서 협동조합들이 이루는 부문의 특성으로, 마지막으로는 협동조합이라는 조직과 주체가 만드는 협동조합운동으로 확장되고 진화한

참고 ❷ : ICA 협동조합 원칙 변천사

■ 파리 대회에서 채택된 협동조합의 7원칙 (1937년)

o 4개의 의무 원칙 : ① 자유로운 가입(개방성) ② 민주적 통제(1인 1표) ③ 이용고에 따른 잉여의 분배 ④ 자본에 대한 이자의 제한

o 3개의 권고 원칙 : ① 정치적·종교적 중립성 ② 현금 판매 ③ 교육의 발전

■ 비엔나 대회에서 채택된 협동조합의 6원칙 (1966년)

1. 협동조합의 가입은 자발적이어야 하고, 협동조합의 서비스를 이용할 수 있고 구성원으로서의 책임을 다하고자 동의한 모든 사람들에게 개방되어야 할 것이다.

2. 협동조합은 민주적인 조직이다.

3. 자본에 대해 이자를 지급할 경우 그 이율은 엄격히 제한되어야 할 것이다.

4. 잉여나 예금은 조합원들의 것이며, 분배될 경우 누군가 다른 이들보다 더 많은 이익을 얻지 않도록 해야 할 것이다.

5. 모든 협동조합은 조합원들, 지도자들, 임금노동자들 그리고 많은 일반 대중들을 대상으로 경제적이고 민주적인 측면에서 협동조합의 원칙과 방법에 대한 교육을 제공하기 위해 기금을 조성해야 할 것이다.

6. 조합원과 지역사회에 가능한 최선의 편익을 제공하기 위하여 각 협동조합 조직은 지역 및 전국, 국제적 단위에서 다른 협동조합들과 적극적으로 협동해야 할 것이다.

■ 도쿄 대회에서 제안된 협동조합의 기본 가치, 윤리, 원칙 (1992년)

o 기본 가치 : 평등과 공정함, 자발적·상호적 자조, 경제적·사회적 해방

o 기본 윤리 : 정직, 돌봄, 다원주의(민주적 접근), 건설적임(협동조합 방식에

대한 믿음)

○ 기본 원칙 : 사람들의 결사체, 효율적인 멤버 증진, 민주적인 경영과 멤버들의 참여, 자율과 독립, 정체성과 통일성, 교육, 이윤의 공정한 분배, 전국적·국제적 협동

■ 협동조합의 정체성 (1995년)

○ 정의(definition)

협동조합은 공동으로 소유되고 민주적으로 통제되는 사업체(기업)를 통하여 공통의 경제, 사회, 문화적 필요와 열망을 충족시키기 위하여 자발적으로 결속한 사람들의 자율적인 결사체이다.

○ 가치(values)

협동조합은 자조(상부상조), 자기 책임, 민주주의, 평등, 공정함과 연대의 가치에 기반한다. 창건자들의 전통을 계승하여 협동조합의 멤버들은 정직, 개방성(투명성), 사회적 책임 및 타인에 대한 보살핌(이타심, 측은지심)이라는 윤리적 가치를 믿는다.

○ 원칙(principles)

① 자발적이고 개방적인 조합원 제도(Voluntary and Open Membership)

② 조합원에 의한 민주적 통제(Democratic Member Control)

③ 조합원의 경제적 참여(Member Economic Participation)

④ 자율과 독립(Autonomy and Independence)

⑤ 교육, 훈련, 정보 제공(홍보)(Education, Training and Information)

⑥ 협동조합 간 협동(Co-operation among Co-operatives)

⑦ 지역사회에 대한 고려(참여의식)(Concern for Community)

※ 출처: 『처음 만나는 협동조합의 역사』 p. 238, 250, 255, 257.

과정이라 할 수 있다.[15]

　그런데 100년 동안의 토론을 통해 중간중간에 도달한 결론을 보면, 어떤 것은 처음부터 끝까지 변하지 않고 유지되었고, 어떤 것은 있다가 없어졌으며, 새로운 원칙이 도입된 것도 있다. 그중 자발적인 가입과 민주적 운영, 그리고 교육의 필요성은 이론(異論)이 없는 변하지 않는 원칙이다. 이를 통해, 협동조합은 자유로운 선택에 기반하여 가입해야 하며, 그 조직의 주인인 조합원들에 의하여 통제되는 민주적인 조직이며, 그 조직의 목적에 맞게 잘 운영하기 위한 교육이 꼭 필요하다는 사실은 변함이 없다는 것을 알 수 있다. 즉 개인의 자유, 공동의 운영, 공통의 정신을 위한 세 원칙이 기둥이 된다는 뜻이다.

　또한 가장 많은 내용을 포함하고 가장 많이 변한 원칙은 자본과 관련한 원칙이라는 데 주목할 필요가 있다. 1937년에는

15　레이들로 박사는 『서기 2000년의 협동조합』 서문에서 조직·부문·운동으로서의 협동조합을 구분했다. 그러니까 우리가 '협동조합'이라고 말할 때에는 '협동조합의 철학과 원칙에 입각하여 일정한 사회·경제적 목표를 달성하기 위하여 함께 활동하는 사람들'을 뜻하는 협동조합운동, '경제 전체에서 공기업이나 사기업이라는 두 가지 범주와 달리 협동조합에 의해 수행되는 부분'을 뜻하는 협동조합 부문, '보다 좁은 의미로서 협동조합의 전체적인 운동 내의 다양한 상업조직이나 사업조직에 적용되는 체계'를 뜻하는 협동조합 조직이라는 세 층위가 존재한다는 것이다. 김동희 옮김, (사)한국협동조합연구소 출판부, 2000.

의무 원칙에 "이용고에 따른 잉여의 분배"와 "자본에 대한 이자의 제한", 권고 원칙에는 "현금 판매"가 있다. 1966년에도 "자본에 대해 이자를 지급하는 경우 그 이율은 엄격히 제한"되어야 하며 잉여나 예금은 조합원들의 공동소유로서 공정하게 분배되어야 한다고 되어 있다. 1992년에는 출자금에 대한 이자 지급 관련된 요소는 빠지고 "이윤의 공정한 분배"가 남았다. 즉 자본 운용과 관련해서 핵심적인 요소는 출자금에 대한 보상 문제와 잉여 또는 이윤의 분배 문제이다.

이를 통해 볼 때, 협동조합에서 돈에 대한 관점과 이에 기반하여 자본 운용을 어떻게 해야 하는가에 대해서 무척 다양한 문제가 제기되었다는 것과, 무엇을 가장 중요한 원칙으로 둘 것인가에 대한 판단이 무척 어려웠을 것이라고 유추할 수 있다. 한편으로는 조합원이 필요한 자본을 조달하기에 그에 따른 보상을 할 수 있으나 그 수준은 엄격히 제한해야 한다는 것이고, 다른 한편으로는 사업의 성과로 잉여가 발생할 경우 공정함의 원칙을 지키며 그 기준은 자본 기여 정도가 아닌, 사업 활성화에 기여한 정도인 이용고에 비례하여 혜택을 주어야 한다는 것이다. 이 두 가지 원칙은 초기부터 일관되게 유지되고 있다. 그러다가 1995년에 이르러 자본 운용과 관련해서는 "조합원의 경제적인 참여"로 통합되었다. 따라서 3원칙을 단순히 조합원이 출자를 통해 자본 기여를 한다는 정도로 이해할 것이 아니라, 그 안에는 자본에 대한 보상 문제와 잉여나 이윤의 분배 문제가 포함되어 있다는 점을 유념할 필요가 있다.

정리해 보면, ICA '100년의 생각의 협동'에서 변하지 않는 원칙은 자발적인 결사, 사람의 발전을 위한 조합원의 교육, 조합원에 의해 통제되는 민주주의, 자본의 힘의 제한과 사업 기여에 대한 혜택을 통한 공정한 분배라는 네 축으로 이루어졌다. 나머지 원칙은 협동조합과 지역 사회와의 관계 혹은 시장 및 국가와의 관계, 협동조합 부문의 구축과 사회적 확장 등을 다루며, 협동조합 부문과 운동의 관점에서 필요한 내용이 변화하는 시대에 따라 추가된 것이다. 그런데 협동조합 부문과 운동은 조직 운영을 다루는 네 원칙이 잘 작동되어야 성과를 볼 수 있으므로, 먼저 조직 운영의 토대를 튼튼히 하는 것이 중요하다.

2장

협동조합의 '돈'과 '민주주의'를
다루는 원칙

ICA '협동조합 정체성'의 의미와 원칙의 길잡이

　1995년에 ICA가 채택한 협동조합의 정체성은 협동조합 운동의 역사에서 의미가 크다. 그런데 그 의미는 협동조합 운동 내 공통의 정체성을 규명하는 것을 넘어선다. 왜냐하면 2001년에 UN은 이 선언을 토대로 협동조합에 대한 결의안 56/114를 채택했고, 국제노동기구 ILO는 2002년에 권고안 193을 마련하여 전 세계 100여 개 이상의 나라에 존재하는 협동조합 관련법을 검토하고 개선하는 데 활용했다.

　이렇듯 협동조합의 정체성은 안으로는 협동조합 조직의 운영과 협동조합 부문의 연대와 협동의 방향성을 제시할 뿐 아니라 밖으로는 협동조합의 본질과 특성을 고려한 법과 제도가 만들어질 수 있는 여건을 조성하는 데 기여하게 되었다. 그러한 만큼 정의와 가치와 원칙으로 구성된 정체성의 내용을 제대로, 정확히 아는 것은 협동조합의 설립과 운영에서 너무나 중요한 일이다. 또한 아직 관련 법과 제도가 마련되어 있지 않은 나라에서 활동하는 협동조합인들은 정확한 이해에 기반하여 법과 제도가 만들어질 수 있도록 노력해야 할 것이며, 이미 마련되어 있는 나라에서는 제대로 되어 있는지 검토하여 필요하면 개선하는 활동을 해야 할 것이다.

이런 의미에서 ICA는 2015년에 『협동조합 원칙 안내서』[16] (이하 ICA 안내서)를 발간했다. 발간사에서 ICA 회장 또한 원칙의 정확한 해석이 중요하기에 상세한 안내서가 필요했다고 그 목적을 밝혔다. 그래서 짧게 표현된 각 원칙의 의미를 해석하고 그 원칙이 수립된 배경을 설명한 후, 단어 하나하나 문장 하나하나를 정확히 해석하고, 마지막으로 향후 고려할 요소에 대해 언급하며 마무리하고 있다.

---

16   원제는 'Guidance notes to the co-operative principles'로, 다음 링크에서 영어 원문 및 불어, 스페인어, 한국어 번역본 등을 볼 수 있다. https://www.ica.coop/en/media/library/research-and-reviews/guidance-notes-cooperative-principles

나는 2017년에 『깊은 협동을 위한 작은 안내서』[17]를 발간한 후 보다 체계적인 협동조합 교육 프로그램을 기획하여 강의를 해 왔다. 그 과정에서 협동조합의 정체성을 다루었는데, 정의만 제대로 이해하는 데도 엄청나게 많은 시간이 필요하다는 것을 알게 되었다. 왜냐하면 그 문장과 단어의 의미를 하나하나 짚어 가며 설명해야 했기 때문이다. 그만큼 정의가 무엇인지 아는 사람들이 거의 없었고, 엉뚱한 단어나 문장으로 잘못 알고 있거나 뜨문뜨문 알고 있는 사람들이 태반이었으며, 제대로 외우고 읊는 사람은 거의 없었다. 이런 현상은 초보자들뿐 아니라 오래된 협동조합의 활동가나 대의원 및 이사도 예외는 아니었다. 정의는 말할 것도 없고 가치와 원칙까지 들어가면 상황은 통탄할 정도였다.

물론 정의와 가치와 원칙을 줄줄 외운다고 해서 협동을 잘하고 협동조합을 잘 운영한다는 보장은 없다. 하지만 정의가 뭔지, 가치가 뭔지, 원칙은 또 뭐고 어떻게 적용해야 하는지 제대로 모르면서 협동조합을 제대로 할 수 있을 거라고 기대할 수 있을까? 단언컨대 그렇지 않다. 그냥 열심히 한다고 될 일이 아

---

17 (사)모심과살림연구소에서 발간되었으며, 다음 링크에서 전문을 확인할 수 있다. http://www.mosim.or.kr/arch_report/1592

니라 제대로 해야 한다. 만약 협동조합에 있으면서 일반 기업의 방식으로 열심히 운영한다면 그 협동조합은 사업적으로 성공할 수 있을지 몰라도 협동조합의 꼴을 가질 수 없을 것이다. 그런데 협동조합답게 운영하지 않으면서 사업적으로 성공하는 경우는 아주 드물다. 물론 사업적으로 성공했다는 기준이 무엇이냐에 따라 다르겠지만.

이런 의미에서 ICA 안내서는 정말 소중한 자료라고 생각한다. 우선 각 원칙의 의미를 서너 줄의 문장으로 풀고 그 원칙을 어떤 관점으로 보아야 할지 소개하였으며(1. Introduction), 풀이한 문장을 구성하는 주요 어휘 및 문구를 해석해 준다(2. Interpretation of words and phrases). 그 다음에는 원칙을 적용할 수 있도록 풀이한 문장을 하나하나 짚어 가면서 협동조합의 전통에 의거하여 이해하는 방법과 실제 사례를 설명하며, 정의 및 가치와의 관계, 다른 원칙과의 관계 속에서 이해할 수 있도록 안내하고 있다(3. Guidance note). 그리고 마지막으로는 원칙의 적용에 있어 향후 고려해야 할 문제점들까지 정리함으로써(4. Matters for future consideration) 다양한 상황에서 벌어질 수 있는 원칙의 해석과 적용의 과제까지 토론의 여지를 남겼다.

잘못 이해된 원칙과 한국의 협동조합기본법

그런데 ICA 안내서를 꼼꼼히 읽으며 놀라운 사실을 두 가지 발견했다.

첫째는 특히 3원칙인 '조합원의 경제적 참여'와 관련하여 출자금, 적립금, 증자, 공동소유(공동재산), 이윤의 분배, 잉여의 할당 등과 관련한 용어의 사용 방식 및 적용 방안이 한국에서의 관행 및 기본법에서의 그것들과 꽤 다르다는 점이다. 예컨대 한국에서는 가입할 때 납입하는 돈이든 가입 후 증자한 돈이든 다 출자금으로 두는데, ICA 안내서에서는 '가입을 조건으로 납입하는 금액'과 그 이후 자본 조달을 위해 기여하는 돈을 구분한다. 그러니까 가입비 명목의 '의무출자금' 또는 '가입출자금'과 이후의 증자는 운용 원칙이 다르다는 것이다. 이에 따라 적립금이나 공동재산의 개념 또한 연동되어 달라지고, 이윤의 분배와 잉여의 할당이라는 개념 또한 차이를 보였다.

두 번째는 ICA 안내서의 원문과 한국어 번역본을 비교해 보니 '왜 이렇게 번역했지?' 하는 의아한 부분이 꽤 많다는 것이다. 특히 앞서 말한 협동조합 운영에서 핵심적인 축의 하나인 3원칙 '조합원의 경제적 참여' 부분에서 상당히 심각한 문제를 발견했다. 그것은 단순한 오역이 아니라 협동조합의 전통을 훼손할 정도로 왜곡된 해석이었다. 그리고 2원칙인 '조합원에 의한 민주적 통제'에서 핵심적인 용어가 잘못 번역되어 그 의미가 손상되었다.

협동조합의 돈과 민주주의를 다루고 있는 2원칙과 3원칙은 협동조합 기업이 가지는 중요한 특성으로서 일반 영리기업과 현격히 차별성을 가지는 핵심적인 요소이다. 또한 기업 활동이지만 협동조합운동이 사회적인 의미를 갖게 하는 근거가 되는 운영 원리이다. 그러므로 모든 원칙이 중요하지만 특히 2원칙과 3원칙은 정확히 알고 제대로 적용해야 한다. 그런데 ICA 안내서 한국어 번역본에서는 원칙의 해석에 일부 심각한 오역이 있었고, 그 사실을 뒤늦게 알게 된 나로서는 무척 당황스러웠다.

사실 협동조합기본법을 보면서 곳곳에서 협동조합의 전통과 원칙에 어긋나는 개념과 조항이 있어서 왜 이렇게 되었을까 의아했었다. 대표적인 문제는 사회적협동조합을 비영리라고 규정하다 보니 일반 협동조합은 영리기업으로 간주되는 현상이다.[18] 특히 "납입출자액에 대한 배당"을 허용하는 조항과 "조

---

18 기본적으로 비영리(non-profit) 개념은 '이윤비분배의 제약'이라는 특징을 가지는 비영리조직(NPO)의 특성으로서 민간 영리기업과 구분하는 요소이다. 즉, 조직의 활동으로 발생한 수익을 회원이 나누어 가질 수 없다는 제약을 가지고 있다는 뜻

합원의 책임을 납입한 출자액을 한도"로 하여 조합원마다 책임의 범위를 달리하는 조항은 협동조합의 전통에 어긋날 뿐 아니라 ICA 안내서와도 맞지 않는 중대한 결함이다. 또한 해산이나 청산시 적립금에 대한 '귀속 조항'을 별도로 두지 않고 "정관으로 정하는 바에 따라 기부할 수 있다"는 정도로 갈음한 점도 문제로 들 수 있다. 마지막으로, 일정 규모 이상의 협동조합에 적용되는 '협동조합 점검제도'가 아예 빠져서, 부실 경영을 막고 협동조합다운 운영을 할 수 있도록 모니터링하는 제도가 미비하다고 할 수 있다. 이 중 납입출자액에 대한 배당 허용과 납입출자액 한도 내 책임을 지게 한다는 조항은 2원칙과 3원칙의 의미를 왜곡하고 자본 운용에 해가 되어 협동조합의 지속가능성에 장애가 될 수 있다.

기본법 제정 이후 수차례 제도 개선이 이루어졌지만, 언급한 부분에 대한 문제는 전혀 다루어지지 않은 것으로 보아 이

이다. 반면 협동조합은 구성원이 거래한 정도에 따라 혜택을 주는(이윤을 분배하는) 원칙을 가지지만, 기업 활동의 목적이 이윤 추구가 아니며 자본의 힘을 통제하므로, 모든 협동조합은 본질적으로 비영리적 성격을 가진다고 할 수 있다. 이와 관련해서는 『처음 만나는 협동조합의 역사』 273쪽, 「200년 사회적경제의 역사 속 한국의 사회적경제」(김신양, 2022, 『공동체문화와 민속 연구』 4호) 121~122쪽, 김신양과 엄형식이 공역한 『사회연대경제 1 — 토대』(2021, 착한책가게) 3장 '결사체' 부분을 참고하기 바란다.

문제들을 제대로 인식하지 못하고 있음을 알 수 있다. 협동조합에 우호적인 환경을 조성하기 위한 제도 개선도 필요하지만, 기본법의 취지를 살리기 위해 협동조합의 정체성에 입각한 법과 제도를 정비하는 것이 급선무이다.

따라서 2장에서는 협동조합의 제2원칙과 제3원칙에 대해서 ICA의 안내서에 입각하여 정확한 의미를 소개할 것이다. 그리고 기본법의 문제점을 개선하고 현장 실천에서 벌어지는 문제를 해결하기 위한 관점을 정립하기 위하여, ICA 안내서 영문본과 비교하여 한국어본 안내서에서 2원칙과 3원칙이 어떻게 오역되었거나 왜곡되었는지 문제점을 짚어 볼 것이다.

이 글은 원칙을 정확하게 이해하여 제대로 적용하는 데 도움을 주기 위함이다. 그러므로 문제점을 짚는 데 그치지 않고 원래 어떤 의미인지 분석하여 상세히 설명할 것이다. 먼저 각각 영어 원문, 한국어 번역문, 저자의 수정 제안문을 비교하면서, 중요한 내용은 굵은 글자로 강조하고 오역된 부분은 밑줄로 표시했다. 그리고 ICA 안내서에 실린 원칙에 대한 해설을 한 문장씩 풀이하여 독자들이 그 뜻을 정확하게 이해하고 활동에 적용할 수 있도록 돕고자 했다.

제2원칙 '조합원에 의한 민주적 통제'에 대한 해석

■ 제2원칙 원문 :

2nd Principle: Democratic Member Control

Co-operatives are democratic organisations controlled by their members, who actively participate in **setting their policies and making decisions**. Men and women serving as elected representatives are **accountable** to the membership. In primary co-operatives members have equal voting rights (one member, one vote) and co-operatives at **other levels** are also organised in a democratic manner.

■ 한국어 번역본 :

제2원칙: 조합원의 민주적 통제

협동조합은 조합원에 의해 통제되는 민주적인 조직으로서, 조합원은 **정책 수립과 의사결정**에 적극적으로 참여한다. 선출직으로 활동하는 대표자들은 조합원에게 **책임**을 다해야 한다. 단위협동조합의 조합원은 동등한 투표권(1인 1표)을 가지며, **다른 연합** 단계의 협동조합도 민주적인 방식으로 조직된다.

■ 수정 제안 :

제2원칙: 조합원에 의한 민주적 통제

협동조합은 조합원에 의해 통제되는 민주적인 조직으로서, 조합원은 **정책 수립과 의사결정**에 적극적으로 참여한다. 선출된 남성과 여성 대표자들은 조합원에 대한 <u>책무</u>를 가진다. 1차(단위)협동조합의 조합원은 동등한 투표권(1인 1표)을 가지며, **다른 단계**의 협동조합도 민주적인 방식으로 조직된다.

2원칙은 협동조합이라는 결사체의 소유구조(ownership)와 지배구조(governance)에 관한 원칙이다. 즉 누가 주인이고 어떻게 의사결정을 하는가 하는 원칙을 다룬다. ICA의 설명은 세 부분으로 구성되어 있으며 그 의미는 다음과 같다.

협동조합은 조합원에 의해 통제되는 민주적인 조직으로서, 조합원은 **정책 수립과 의사결정**에 적극적으로 참여한다.

첫 문장은 우선 협동조합의 주인은 조합원들이며, 조합원들이 최고의 권력을 가진다는 뜻이다. 그러하기에 조합원 총회가 최고의 의사결정기구가 된다. 그런데 민주적 통제란 단지 총회에 참석하여 투표하는 것만을 뜻하지 않는다. 이를 위해서는 정책 수립에 적극적으로 참여해야 한다는 것을 전제한다. ICA 안내서에서도 설명하듯(영문판 안내서 p.15) 협동조합에서의 민주주의는 '1인 1표'라는 투표제도에 국한하지 않고 민주주의 정신을 함양한다는 폭넓은 의미를 가진다. 그러므로 중요한 사안에 대해서는 참여하여 깊이 토론하고, 일상적으로 꾸준히 참여하고 제안하는 숙의민주주의와 참여민주주의를 활성화한다는 의미를 담고 있다.

이러할진대 일 년에 딱 한 번 총회에 참석하여 가만히 앉아서 듣고 있다가 거수기 노릇을 하는 것을 민주적인 통제라고 하기는 어렵다. 다른 사람(임원이나 직원)이 수립한 정책을 결정만 하는 것이 아니라, 어떤 정책이 수립되어야 하는지 제안하고 토론하여 결정하고, 그 결정이 자신의 생각과 같든 다르든 기꺼이 따르는 것을 주인 노릇이라 할 수 있다.

선출된 남성과 여성 대표자들은 조합원에 대한 **책무**를 가진다.

이 문장에서 주목할 단어는 '책무'이다. '책임(responsible)'이 아니라 '책무(accountable)'로 번역해야 하는 이유는, 이것이 단순히 번역의 문제가 아니라 조합원의 민주적 통제와 관련되어 있기 때문이다.

먼저 왜 '책임'이라 할 수 없는지 살펴보자. 협동조합은 조합원 모두가 동등한 권리와 책임을 가진다. 그러므로 선출된 대표자들이 조합원에 대해 책임을 진다는 말은 어불성설이다.

책무란 책임을 지는 임무에 대한 보고의 의무가 결합된 용어다.[19] 선출된 대표자들이 조합원들에 대해 책임을 지는 것이 아니라 자기가 맡은 책임에 대한 의무를 다한다는 뜻이다. ICA 안내서(p. 18)에서도 같은 맥락에서 구체적으로 설명하고 있다.

협동조합 선구자들의 전통에 따라 선출된 대표자들은 정기적인 회계 상태, 재무보고서, 사업 성과 보고서를 조합원들이 열람할 수 있도록 비치해야 한다. 그리고 보고서는 정규 재무교육을 받지 않은 조합원들이 이해할 수 있도록 작성되어야 한다. 또한 선출직들은 총회 또는 여타의 조합원들의 모임에서

19　책무성에 대한 정확한 의미는 이렇다. "A는 B에 대해 책무를 가진다고 할 때, A는 B에게 자신의 과거나 미래의 행위와 결정에 대해 알려 주고 그 이유를 말하며, 잘못 처신했을 때는 그에 따른 벌을 받아야 한다." (출처 : Schedler, Andreas (1999). "Conceptualizing Accountability". In Andreas Schedler; Larry Diamond; Marc F. Plattner (eds.). The Self-Restraining State: Power and Accountability in New Democracies. London: Lynne Rienner Publishers. pp. 13–28. https://en.wikipedia.org/wiki/Accountability)

선출된 대표자들로서 해야 할 일과 집행 상황을 보고하고 설명해야 한다.

그러므로 선출직들이 조합원에 대해 가지는 책무란 바로 조합원들이 결정한 사항을 어떻게 집행했고 어떤 결과가 나왔는지 '보고(report)'할 의무를 가진다는 뜻이다.

이를 통해 선출직들의 책무는 조합원에 의한 민주적 통제가 작동하는 데 있어 전제가 되는 요소임을 알 수 있다. 그러니까 협동조합의 민주주의는 임원들의 책무와 조합원들의 적극적인 참여가 짝을 이루어야 온전한 제도가 되는 것이다. 그런데 현실에서는 조합원들이 참여하지 않아서 민주적 통제가 안 된다고 하거나, 임원들이 보고를 잘 안 해 주니까 조합원들이 무관심해진다며 상대방을 탓하는 경우를 왕왕 보아 왔다. 이제 이 논란의 종지부를 찍을 때이다. ICA 안내서는 현명한 방향을 제시한다. 선출된 대표자들이 먼저 보고하고 설명해야 한다는 것을.

이 부분은 협동조합의 가치에 나오는 '개방성'과 맞닿은 원칙이다. 개방해야 투명하게 운영할 수 있고, 그래야 민주주의가 작동한다. 이사회가 언제 어디서 어떤 안건으로 개최되는지 조합원들에게 알려 주어야 하고, 그 결과 어떤 결정이 났고 어떻게 집행되는지 보고하고, 그에 대해 조합원들은 어떻게 생각하는지 물어보고 차기 이사회에서 반영해야 한다. 이 순환 과정이 협동조합의 민주주의다. 이사회 단톡방이나 밴드에서만 공유하고 공식적인 공개와 소통의 창구를 두지 않거나 있어도 활용하지 않는다면, 조합원들은 전체 운영이 어떻게 되는지 파악할 수 없다. 이렇게 순환되는 소통 구조 없이 운영된다면 조합원들의 관심은 점점 줄어들고, 나중에는 조합의 일을 자신의 일로 여기지 않게 된다.

> 1차(단위)협동조합의 조합원은 동등한 투표권(1인 1표)을 가지며, **다른 단계의 협동조합도 민주적인 방식으로 조직된다.**

이 문장은 너무나 당연한 말이지만, 실제 적용할 때에는 어려움도 많고 논란도 많다. 우선 단위협동조합의 경우에도 조합원이 수백, 수천 명이 넘어가는 대규모 협동조합에서는 대부분 대의제를 도입하여 대의원 총회로 개최된다. 이 경우 '누가, 무엇을, 어떻게 대의할 것인가?' 하는 문제와 관련해서는 뚜렷한 원칙은 없고, 대부분 자의에 의해서든 권유에 의해서든 대의원이 되고 남들보다 조금 더 성실히 참여하는 '활동조합원'으로서 역할을 하고 있다. 단위협동조합이 이러한데 하물며 2차,

3차 연합 단위와 전국 단위의 구조로 올라가면 민주적이라는 말이 무색할 만큼 대표자 중심이거나, 혹은 다수를 구성하는 집단의 목소리가 커지고 단위조합이나 전체 조합원의 의사를 반영하기는 더욱 어려워진다. 따라서 이 문제와 관련하여 우선 관점을 정립할 필요가 있다.

첫째, 모든 권력은 조합원으로부터 나온다는 관점을 가져야 할 것이다. 그래서 ICA 안내서에는 "모두의 목소리가 들리도록 보장해야 한다(Ensure that all voices are heard)"는 지침을 제시한다(p. 23). 이를 통해 볼 때 민주적 방식이란 단지 투표권을 주느냐 마느냐, 또 선거를 어떻게 하느냐의 문제가 아니라 조합원들의 목소리에 귀를 기울이는 시스템을 갖추는 것이 필요하다는 것을 알 수 있다. 그러니 대표를 뽑는 선거를 하고 총회를 개최하는 기본적인 일 외에도 다양한 민주주의의 도구를 개발할 필요가 있다. 그것은 협동조합의 소통 체계(communication system)를 구축하는 일이다. 소통이란 듣는 것이다. 가장 기본적인 체계는 모든 조합원의 의견이 청취되고 어떤 조합원이라도 자신의 의견을 제기할 수 있는 창구가 마련되어야 한다. 내 목소리가 들리지 않고, 나의 의사가 반영되지 않는다면 조합원들은 점점 멀어져 가고 '이 협동조합은 나의 것이 아니야'라고 생각하게 되어 주인의식이 약해져 협동의 힘이 떨어질 수밖에 없다.

둘째, 2원칙의 두 번째 문장에서도 다루었듯이 정기적인 보고 체계가 마련되어야 한다. 이를 통해 조합원들은 조합이 잘 돌아가는지, 뭐가 어떻게 되고 있는지 파악할 수 있다. 사람들은 자신이 잘 알지 못할 때는 결정을 하기 어렵다. 그래서 차라리 결정을 회피하는 쪽을 택한다. 그것은 결정으로 인해 자신이 감당할 결과를 회피하고픈 의도가 숨어 있다. 그러므로 소통 체계는, 선출직과 임원의 보고와 설명을 통한 공개, 그리고 이에 대한 조합원들의 질문과 의견을 전달하는 피드백(feedback)이라는 '오고 감'의 체계를 만드는 것이다.

셋째, 민주주의는 효율성에 희생되지 않아야 한다. 민주주의는 돈과 시간이 드는 일이다. 그런데 이것을 비용으로만 사고하여 효율성을 따진다면 돈의 관점으로 민주주의를 보는 모순이 발생한다. 돈이 아까워서 민주주의를 안 한다면 협동조합의 가치인 개방과 투명성이 보장되지 않아 소수의 음모적인 운영으로 전락할 것이며, 그것은 결국 탈협동화(demutualisation)의 길로 치닫게 된다. 협동조합의 역사에서 혁혁한 성과를 이루었던 협동조합들이 파산한 중요한 이유 중 하나가 바로 이 탈협동화 때문이라는 것은 익히 알려져 있다.[20] 이렇듯 경제적 효율성

---

20   이에 관해서는 『위기의 시대 : 1990년경의 소비자협동조합들과 그들의 문제』

으로 협동조합의 민주주의를 희생한다는 것은 협동조합이 사람들의 결사체라는 근본적인 사실을 놓치는 것이다. 협동조합은 조합원들이 출자하고 증자하고 이용하고 통제하는 조직이므로, 그 시작과 끝은 조합원이다. 즉, 조합원이 은행이고 시장이므로 조합원이 모든 것이다. 그래서 협동조합의 저명한 이론가 지드(Charles Gide)는 이렇게 말했다 "소비자는 무엇인가? 아무것도 아니다. 소비자는 무엇이 되어야 하는가? 모든 것이 되어야 한다"[21]. 협동조합의 운명은 조합원의 참여와 조합원 활동의 활성화에 달려 있다는 사실을 잊으면 모든 것을 잃게 될 것이다. 아니면 무늬만 협동조합이거나 협동조합의 탈을 쓴 일반 영리기업이 될 뿐이다. 껍데기 민주주의가 아니라 속이 알찬 민주주의는 조합원들의 참여에서 비롯된다. 돈이 협동조합의 주인이 아니라 조합원이 주인이 되도록 하는 것, 이것이 협동조합의 민주주의이고, 이것이 변하는 세상에서 변하지 않는 협동조합의 정수(精髓)이다.

(Johann Brazda, Robert Schediwy(1989), A time of crises, consumer co-operatives and their problems around 1990, ICA.)에 자세히 나와 있다.

21　『처음 만나는 협동조합의 역사』 p. 153.

제3원칙 '조합원의 경제적 참여'에 대한 해석

■ 제3원칙 원문 :

3rd Principle: Member Economic Participation

Members contribute equitably to, and democratically control, the capital of their co-operative. At least part of that capital is usually the **common property** of the co-operative. Members usually receive **limited compensation**, if any, on capital subscribed as a condition of membership. Members allocate surpluses for any of the following purposes: developing their co-operative, possibly by setting up reserves, part of which at least would be indivisible; benefitting members in proportion to their transactions with the co-operative; and supporting other activities approved by the membership.

■ 한국의 번역본 :

제3원칙: 조합원의 경제적 참가

조합원은 협동조합의 자본 조달에 공정하게 기여하고 민주적으로 통제한다. 최소한 자본금의 일부는 조합의 **공동 자산**으로 한다. 조합원 자격을 얻기 위해 납부하는 출자금에 대한 **배당**이 있는 경우에도 보통은 제한된 **배당**만을 받는다.

조합원은 다음의 목적을 위해 잉여금을 배분한다.

— 최소한 일부는 분할할 수 없는 준비금 적립을 통해, 협동조합을 발전 시키기 위해

— 협동조합 **이용**에 비례하여 조합원에게 혜택을 주기 위해

— 조합원이 승인한 여타 활동을 지원하기 위해

■ 수정 제안 :

제3원칙: 조합원의 경제적 참여

조합원들은 그들 협동조합의 자본에 **공정**하게 기여하고, 자본을 민주적으로 통제한다. 최소한 그 자본의 일부는 통상 협동조합의 **공동재산**이 된다. 조합원들은 조합원 자격을 얻기 위한 조건으로 출자한 자본에 대하여 **보상(대가)**을 받을 경우에도 통상 제한적인 **보상**만 받는다.

조합원들은 다음과 같은 목적의 일부 또는 전체에 잉여를 **할당**한다.

— 협동조합의 발전 : 적립금 조성으로 가능하며, 이 중 최소한 일부는 나눌 수 없는(불분할) 적립금

— 협동조합과의 **거래**에 비례하여 조합원들에게 혜택(편익) 제공

— 조합원들이 승인한 기타 활동의 지원

3원칙은 돈과 관련한 문제이기 때문에 가장 민감한 사안

이다. 그러하기에 ICA의 논의 과정에서 쟁점도 많았고, 그 결과 가장 많은 수정을 거쳤다. 결국 최종적으로는 '조합원의 경제적 참여'라는 짧은 문구로 정리되었지만, 그 안에 담긴 내용이 많아 안내서에서도 가장 많은 분량을 차지하고 있다. 그러면 ICA 안내서에 의거하여 3원칙의 의미와 내용을 살펴보고, 우리가 잘 모르고 있는 것, 혹은 잘못 알고 있는 것을 찾아보자. 그리고 잘못 알고 있다면 왜 그러한지 깨닫기 위하여 한국어 번역상의 문제를 짚고 분석해 보고자 한다.

우선 3원칙은 조합원들이 어떻게 출자하고, 증자와 같이 자본을 조달하고, 잉여를 사용하는가와 관련한 내용으로 구성되어 있다. 즉, 협동조합의 자본 조성과 운용에 관한 총체적인 문제를 다루고 있으므로, 2원칙인 '조합원에 의한 민주적 통제'라는 큰 틀 속에서 사고해야 한다. 협동조합에서 돈은 민주주의와 함께 가는 짝이기 때문이다.

그런데 출자금은 무엇이고 왜 조합원이 출자해야 할까? 보통 '협동조합에 가입하려면 출자해야 한다'는 좁은 의미로만 알고 있다. 그러니까 내가 어떤 협동조합에서 제공하는 서비스나 물건을 사려면 가입해야 하니까 출자해야 한다는, 즉 '내가 이용하기 위한 가입비'로 생각해서 마치 수영장에 들어가려면 입장료를 내야 하듯 출자금을 입장료로 생각한다. 그런 측면이 있기도 하지만, 본질적인 의미는 조금 다르다. 우선 출자금이란 "자본에 대해 투자수익을 얻기 위해 투자한 돈이 아니라 공정한 가격으로 조합원에게 필요한 재화와 서비스와 일자리를 제공하기 위해 투자하는 공동자본"이다(p. 31). 즉, 출자금은 나만을 위한 입장료가 아니라 공동의 목적을 달성하기 위한 사업의 운영 자본이란 뜻이다.

그러면 왜 조합원은 출자해야 할까? 그 이유는 '협동조합의 가치'에 나와 있는 자조(self-help)와 자기 책임(self-responsibility)에 근거한다. 내가 진정 내 인생의 주인이 되려면 남에게 의지하지 않아야 하듯, 협동조합의 조합원들이 주인 노릇을 하려면 스스로 필요한 돈을 마련해야 한다는 뜻이다. 그래서 출자는 4원칙 '자율과 독립'의 토대가 된다. 왜냐하면 스스로 돈을 마련하지 않고 다른 데서 도움을 받거나 은행에서 대출받으면 돈줄에 휘둘려 조합원들의 통제력을 상실할 수 있기 때문이다.

다음으로 알아야 할 것은 협동조합에서 돈은 어떤 특성을 가지는가 하는 점이다. 이 말은 협동조합의 소유제도(ownership)와 관련되어 있다.

협동조합운동의 선구자들은 대표적으로 영국의 소비자협동조합과 프랑스의 노동자생산협동조합이었다. 그들은 자본의 '공동소유(common ownership)'를 중시하였고 그에 따라 공동으로 소유하는 자본 조성, 즉 나누어 가질 수 없는 적립금 제도를 두어야 한다는 원칙을 정했다. 로치데일의 공정개척자들 또한 이 제도를 두었는데, 이러한 전통은 이미 1832년에 런던에서 오언을 의장으로 개최한 영국협동조합대회에서 채택된 규약에서 확립되었다. 규약은 다음과 같다.

이러한 바람직한 목표를 실패의 여지 없이 성공적으로 달성하기 위해서 여기 모인 대표단은 만장일치로 결정한다. 협동조합 결사체가 축적한 자본은 나눌 수 없도록 해야 한다. 미래의 어느 시점에 배당만 기대하며 이윤을 축적하기 위해 설립된 거래회(사)는 이 대회에 의해 협동조합으로 인정되지 않을 것이며, 또한 독립적이고 평등해진 공동체로 빠르게 전진하는 이 위대한 사회적 가족의 일원으로 받아들여지지 않을 것이다.

이를 통해 공동소유제도는 조합원이 공동으로 결정한다는 민주적인 의사결정제도와 더불어 적립금이라는 '공동재산(common property)'과 짝을 이룬다는 것을 알 수 있다. 그래서 협동조합이라는 은행에 조합원 각자가 자기 계좌를 가지고 있지만 동시에 누구의 돈이 아니면서 모두의 돈인, n분의 1로 나눌 수 없는 돈을 저축하는 계좌를 둔다. 개인의 이익이 아닌 공동의 이익을 위해 써야 하는 돈이다. 그러므로 이 돈을 어떻게 써야 하는지는 조합원 전체가 결정해야 하기에 자본의 민주적 통제와 연결된다.

> 조합원들은 그들 협동조합의 자본에 **공정**하게 기여하고, 자본을 민주적으로 통제한다.

"돈은 좋은 시종은 될 수 있지만 좋은 주인은 될 수 없다"는 말이 있다. 협동조합은 사업을 위해 돈이 필요하니 돈을 모아야 하고, 모은 돈으로 사업을 해서 수익이 발생하면 그것을 잘 써야 한다. 이 모든 자본 운용을 관통하는 관점이 바로 공정함이다.

우선 공정하게 기여한다는 뜻은 모두가 똑같이 기여한다는 의미가 아니다. 조합원의 처지도 고려하고 협동조합에 필요한 자본의 규모도 동시에 고려해서 자본을 조성하는 방안을 마련한다는 뜻이다. 그 방안은 네 가지로 제시된다.

① 가입출자금(기본출자금) : 조합원은 가입할 때 공동자본을 조성하기 위해 1구좌 이상을 출자하고, 이를 통해 의결권을 받

는다. 가입출자금에 대해서는 보통 이자를 지급하지 않지만, 만약 지급하더라도 그 이율은 엄격히 제한해야 한다.

② 적립금 : 협동조합의 사업이 번성할 때 발생하는 잉여를 유보하여 적립한다.

③ 이윤 배당 적립 : 협동조합이 추가적인 자본이 필요하나 사업 수익을 통해 비축한 자본이 부족할 때가 있다. 이럴 때를 대비하여 조합원은 정기적으로 자신이 혜택을 받는 이윤 배당(이용고 배당)[22]의 일정 비율을 기여하여 적립금을 조성한다. 이렇게 조성된 자본은 적립금이므로 협동조합은 출자금과는 달리 이자를 지급하지 않는다. 하지만 대부분의 소비자협동조합의 경우 협동조합의 적립금으로 조성하지 않고 각 조합원의 계좌

---

22 이것은 영어로 patronage refunds, 불어로는 ristournes라고 부르기도 한다. 원래 의미는 협동조합이 흑자가 날 때 그 초과수익을 조합원들에게 돌려준다는 뜻이다. 왜냐하면 그 수익은 조합원들의 충실한 거래로 인해 발생했기 때문이다. 그래서 이 초과수익을 돌려줄 때 각 조합원의 거래 정도에 따라 차등지급하므로 한국에서는 '이용고 배당'이라고 부른다. 이것은 기업에서 말하는 잉여(surplus)이기는 하지만 개념상 차이가 있다. 협동조합에서 초과수익이 발생했다는 것은 조합원들로부터 너무 많이 받았다는 뜻이므로 초과해서 받은 만큼 돌려준다는 뜻이기 때문이다. 일종의 보너스인 셈인데, 노동자협동조합의 경우 조합원 노동자뿐 아니라 비조합원 노동자도 그 혜택을 받을 수 있다. 함께 노동을 기여했기 때문이다(L'économie sociale de A à Z, Alternative économique pratique n° 22 janvier 2006, p. 181).

에 출자금처럼 적립되고, 그에 따라 이자를 지급한다.[23]

④ 증자 : 의무적인 가입출자금 외 자발적으로 이루어지는 추가 자본 기여이며, 이에 대해서는 의결권이 부여되지 않는다.[24]

여기서 한 가지 부연 설명이 필요하다. 한국의 경우 조합비 외 조합원들이 기여하는 모든 돈은 출자금으로 간주되어 각 조합원의 계좌에 금액이 기록되며 탈퇴 시 환급되는 개인 소유의 돈이다. 그런데 ICA 안내서에서는 조합원이 기여하는 자본을 두 가지로 구분하고 있으며 그에 따라 자본 운용 방식도 다르다는 사실을 발견할 수 있다.

하나는 가입의 조건으로 내는 출자금으로서 1구좌 또는 그 이상을 기준으로 둘 수 있으며, 이에 따라 이용권 및 의결권이 부여된다. 이 금액은 공동재산으로 간주되어 환급의 대상이 아니다(p. 32). 그래서 가입출자금 또는 기본출자금[25]이라고 할 수

---

23 한국의 경우 소비자생활협동조합들이 활용하는 자동증자제도가 이에 해당한다. 원래 이 제도는 흑자가 날 때만 이윤을 배당하여 적립하는 방식인데, 한국의 경우 흑자 여부와 상관 없이 이용분담금처럼 의무제도 방식으로 이루어지고 있다.

24 이 제도는 한국에서 '우선출자'라고 부르는데, 실제 제도 활용 방식은 해외와 차이가 있다. 이 점에 대해서는 3장에서 다루기로 한다.

25 가입을 조건으로 납입해야 하는 최소한의 자본이므로 가입출자금 또는 기본출자금이라고 명명할 수 있을 것이다. 한국에서도 일부 협동조합이 유사한 방식으로

있다. 다른 하나는 자발적인 자본 기여로서 증자에 해당하며, 투표권이 부여되지 않고 환급의 대상이 된다. 이를 통해 볼 때 가입의 조건으로 의무적으로 납입해야 하는 가입출자금(기본출자금)은 적립금처럼 공동소유가 되며, 이에 대해서는 제한적인 이자 지급의 방식으로 보상할 뿐 배당을 허용하지 않는다. 반면 가입 후 자발적으로 기여하는 증자는 개인 소유의 자본이며 이에 대해서는 시장의 자본 수익에 대한 배당제도를 열어 두었다. 하지만 자본에 대한 배당을 허용한다 하더라도 협동조합의 자본 운용에서 우선은 지속가능성을 위한 공동재산의 형성이므로 그 배당제도는 예외적으로 적용한다. 이 점에 대해서는 3장의 해외의 사례를 통해 살펴보기로 한다.

"자본을 민주적으로 통제한다"는 의미는 앞서 설명했듯이 적립금을 어떻게 사용할 것인가를 조합원들이 공동으로 결정한다는 의미가 있다. 이 외에도 가격 결정이나 필요한 자본 조달을 어떻게 할 것인지, 외부로부터 할 것인지 말 것인지, 하면 어느 정도 할 것인지 등 이런 사안 또한 조합원들이 공동으로 결정하고 함께 책임을 진다는 것을 포함한다. 핵심은

'가입비' 제도를 두는 경우가 있다. 가입비는 운용 자금으로 사용할 목적으로 출자금과는 달리 환급되지 않는다.

조합원들이 자기 조합의 운영을 스스로 결정해야 한다는 것이다.

최소한 그 자본의 일부는 통상 협동조합의 **공동재산**이 된다.

이 문장은 앞서 서술한 적립금과 더불어 가입출자금을 지칭한다. 이 부분은 네 번째 문장에서 상세히 다루도록 하겠다.

조합원들은 조합원 자격을 얻기 위한 조건으로 출자한 자본에 대하여 **보상(대가)**을 받을 경우에도 통상 제한적인 **보상**만 받는다.

이 부분이 심각하게 오역되었던 문장이다. 기술했듯이 가입을 위한 출자금은 통상 이자를 지급하지 않거나, 하더라도 엄격히 제한한다는 원칙을 가진다. 이 전통은 초기부터 일관되게 유지되었다. 그런데 한국어 번역본에는 보상(compensation)을 '배당'으로 번역하는 심각한 오류를 범했다. ICA 안내서에서는 가입출자금뿐 아니라 추가적인 자본 조달을 위하여 배분된 이윤의 일부를 정기적으로 적립하는 적립금에도 통상 이자를 지급하지 않으며, 소비자협동조합의 경우에는 개인 계좌에 기록하여 이자를 지급하는 정도라고 밝힌 바 있다. 그럼에도 불구하고 이 문장을 왜 배당으로 번역했을까?

이자 지급에 관해서도 ICA 안내서에는 "투기적 목적이 아닌 공정한 이율" 또는 자본 기여에 대한 "보상적 이율"로서 "필요한 자본을 조성하는 데 충분하도록 가장 낮은 이율"(p. 32)을 적용한다고 밝히고 있다. 이렇듯 명명백백하게 밝히고 있는데도 마치 투자수익률을 보장하듯이 배당이라고 번역한 것은 심각한 오류다. 이 문제는 네 번째 문장과의 관계에서 더욱 심각한 오류임이 밝혀진다.

조합원들은 다음과 같은 목적의 일부 또는 전체에 잉여를 **할당**한다.
— 협동조합의 발전 : 적립금 조성으로 가능하며, 이 중 최소한 일부는 나눌 수 없는(불분할) 적립금
— 협동조합과의 **거래**에 비례하여 조합원들에게 혜택(편익) 제공
— 조합원들이 승인한 기타 활동의 지원

네 번째 문장은 잉여가 발생할 경우 그 돈을 어떻게 할당(분배)할 것인지 결정하기 위한 기준을 제시한다.

그 1순위는 공동재산인 적립금 조성이며, 적립금의 일부는 개인적으로 나눌 수 없는 공동재산으로 두어야 한다는 원칙이다. ICA 안내서는 공동재산은 "조합원들 소유가 아니며 조합원들이 가져갈 수도 없다"(p. 32)고 밝히고 있다. 이 나눌 수 없

는 적립금인 불분할의 원칙은 해산 후에도 적용된다(p. 33). 그래서 해산 시 채무 변제 등에 불분할 적립금을 사용한 후에도 남을 경우 사회적인 목적이나 협동조합운동의 발전에 기여하기 위한 기금으로 활용해야 한다는 취지를 살리기 위하여 '귀속(歸屬) 조항'을 두고 있다. 즉 쓰고 남은 돈이 어디로 돌아가야 하는지 그 목적지를 정해 둔 것이다.

2순위는 앞서 이용고 배당에서 다루었듯이 조합원들이 조합과 거래한 정도에 비례하여 혜택을 준다는 원칙이다. 그 혜택이란 현금 지급이 될 수도 있고, 할인 제도나 서비스 이용 등 다양한 방식으로 될 수 있다. 3순위는 소위 사회적 목적을 가지는 활동에 사용할 수 있다는 원칙이다. 이것은 사회사업에 해당하는 다양한 활동의 비용으로 사용한다는 뜻이다.

이상 네 번째 문장을 통해 세 번째 문장의 배당이라는 번역이 얼마나 잘못되었는지 명백히 드러난다.

ICA의 안내서에 따라 분배에 관한 원칙을 정리하면 다음과 같다.

첫째, 가입출자금에 대한 보상(이자 지급)과 잉여의 할당은 별개의 운용 방식을 따른다. 전자는 운용 자금 조성을 위해 개인이 기여한 바에 대한 보상의 문제이고, 후자는 조합 전체가 협동하여 사업을 한 결과 발생한 잉여를 할당하는 문제이다.

둘째, 잉여를 통한 분배 또한 원칙은 자본(출자금)에 대한 배당이 아닌 거래 정도에 따른 배당(이용고 배당)이며, 그 방식은 다양한 형태의 편익 제공(서비스, 할인, 선물 등)이며, 수익률 배당은 추가로 증자한 경우에, 그것도 제한적으로만 가능하다.

이를 통해 볼 때 한국어 번역본은 출자금에 대한 보상을 배당으로 치환하면서 자본금 운용과 수익금 운용의 혼선을 일으켰다고 할 수 있다. 이것은 우리가 은행에 예금을 하는 경우 이자의 형태로 보상을 받지, 은행이 수익을 냈다고 배당을 받지 않는 것과 같은 이치다. 하지만 은행의 상품 중에서 펀드에 가입하면 수익률에 따른 배당을 받기도 한다. 그 예는 앞서 말한 자발적인 추가 증자의 경우에 한정해서 적용되기도 하지만 이 경우에도 제한적으로 적용한다는 점을 누차에 걸쳐 설명하고 있다. 왜냐하면 협동조합의 출자금은 조합원 개인을 위한 돈이 아니라 공동을 위한 운용 자금이기 때문이다. 그래서 공동재산으로 규정한다.

이러한 혼선은 협동조합기본법의 조항에도 그대로 드러난다. 많은 협동조합이 자본 부족에 시달리는데 그것이 단지 수익성 문제 때문은 아니다. 어쩌면 협동조합다운 경영 능력의 부족이 더 큰 원인이라고 할 수 있다. 그런데 그것은 전적으로 협동조합을 하는 당사자들의 책임이라고 하기는 어렵다. 오히려 안정적으로 자본을 확보하고 운영할 수 있는 방안이 제대로 제시되어 있지 않은 문제가 더 근본적인 원인이라고 할 수 있다. 이러한 법적, 제도적 환경으로 인하여 한국의 협동조합들의 자본 운용은 상당히 불안정하고 부실하며 지속가능성에도 심각한 문제를 야기했다. 그 실태는 2부에서 자세히 다루도록 하겠다.

3장

원칙을 잘 적용한
해외 협동조합 사례

이 장에서는 앞에서 설명한 2원칙과 3원칙이 어떻게 적용되는지 해외 사례를 통해 살펴볼 것이다. 하나는 프랑스의 소비자협동조합인 '라루브(La Louve)'[26]이며 다른 하나는 이탈리아의 사회적협동조합 '스텔라몬티스(Stella Montis)'[27]이다.

라루브를 선택한 까닭은 보통 소비자협동조합은 조합원 수가 많아 조합원의 참여를 통한 운영이 어렵다고 생각하기 때문

---

[26] 라루브에 관한 자세한 내용은 김신양(2019), 「저성장시대를 뛰어넘는 새로운 협동조합운동의 길 — 조합원과 함께 풍요하고 검소한 탈성장 시대를 준비하기 위한 도전」(2019 생명·협동연구 결과보고서, 한살림재단)을 참고하기 바란다.

[27] 타나카 나츠코 지음, 이성조 옮김(2014), 『이탈리아 사회적경제의 지역전개』, 아르케.

이다. 그러나 라루브는 19세기 소비자협동조합운동의 전통을 계승하여 로치데일의 공정개척자들처럼 모든 조합원이 직접 참여하여 자신들의 수퍼마켓을 운영하는 참여협동조합을 표방하기 때문이다. 특히 이 사례에서는 앞서 언급한 우선출자와 관련한 배당제도가 실제 어떻게 작동하는지 볼 수 있다.

이탈리아의 사회적협동조합 스텔라몬티스를 선택한 까닭은 조합원의 유형이 다양한 협동조합의 구조에서 각각의 유형에 따라 어떻게 민주적인 지배구조를 이루고, 각각의 조합원 유형은 어떤 방식으로 참여하는지 볼 필요가 있기 때문이다. 또한 한국에서는 사회적협동조합은 비영리, 그 외 일반 협동조합은 영리로 구분하며, 사업의 목적뿐 아니라 운영 원칙에서 배당제도 유무로 구분하고 있다. 하지만 사회적협동조합의 자본운용의 특징은 배당 금지가 아니다. 오히려 다양한 조합원 유형에 따라 경제적 참여 방식을 다양하게 적용하는 데 있다.

프랑스의 소비자협동조합 '라루브'

한국에도 여러 차례 소개된 바 있는 소비자협동조합(이하 소협) 라루브가 참여협동조합을 표방한 까닭은 두 가지다. 우선 대부분의 소협들이 규모화되고 프랜차이즈 방식으로 운영되면서 조합원들은 내가 이용하는 수퍼마켓(매장)이 '나의 협동조합이다'라는 생각을 하지 않게 되었고, 그래서 참여가 저조하여 협동조합의 정신을 잃었다고 판단했기 때문이다. 두 번째는 유기농을 취급하는 소협의 문턱이 너무 높아서 저소득층들은 가입할 수 없기에 '자발적이고 개방적인 조합원 제도'라는 협동조합 1원칙 실현에 장애가 된다고 보았기 때문이다. 그래서 문턱 낮은 협동조합이면서도 조합원들의 실질적인 참여로 운영되는 협동조합 모델을 만들기 위하여 모든 조합원이 의무적으로 4주에 3시간 자원봉사를 하는 참여협동조합의 모델을 도입했다.

'조합원에 의한 민주적 통제'를 실현하는 방식

우선 라루브는 조합원이 자신의 권리와 의무를 제대로 알고 가입하도록 하기 위해 가입 전 안내 모임 참여를 의무화한다. 그래서 모임 참여 전 참석 날짜를 예약하고, 모임 장소에는 동거인 한 명이 동석해야 한다. 왜냐하면 소협은 가입한 조합원뿐 아니라 그 동거인들이 함께 이용하기 때문이다. 또한 조합원 자격 유지 기간을 2년으로 정하고 재가입하는 방식을 취한다. 이때도 안내 모임에 참여해야 한다. 이를 통해 조합원의 권리와 의무를 재확인하고, 이용하지 않거나 규칙을 지키지 않는 조합원들을 걸러내고 실질적으로 참여하는 조합원으로 운영한다.

모든 조합원은 4주에 한 번 3시간 동안 협동조합에 필요한 노동을 제공해야 한다. 그 효과는 인건비 절감이나 저렴한 물품 가격이라는 경제적 효과 외에 '조합원에 의한 민주적 통제'에 미치는 영향도 크다. 좀 길지만 2022년 개최한 컨퍼런스에서 라루브 대표 톰 부스(Tom Boothe)가 발표한 내용을 소개하면 쉽게 이해가 될 것이다.

우리는 분기별로 총회를 합니다. 일 년에 네 번 모이는데, 라루브 직원들 이야기에 따르면, 그런 총회 자리에서보다 일상적으로 업무를 하면서 아이디어를 표현하고 새로운 제안을 하는 것이 훨씬 많은 것 같다고 합니다. 즉, 어찌 보면 지루할 수 있는 노동 속에서, 치즈를 계속 자르다가 "이렇게 하면 더 좋지 않을까"라는 아이디어가 나오고, 팀 코디네이터한테 얘기하고 담당 직원한테 얘기해서 "그거 좋으니까 바꿔 보자" 하는 식으로 반영된다는 것이죠. 그래서 **저희는 사실 총회에서 투표하는 것보다 일하면서, 라루브 민주주의의 99%는 여기서 이루어진다고 이야기를 합니다.**

그리고 이런 조합원 노동 참여의 아주 큰 장점 중 하나는 인건비가 크게 절감된다는 것입니다. 여러분 대부분이 알고 계실 텐데요, 저희 매장 규모를 보면 연간 매출이 800만 유로 정도 됩니다. 업계에서 비교해 보면 이런 경우 50~60명 정도의 직원을 두고 있습니다. 그런데 저희는 13명으로 가능하죠. 그리고 사실 이 13명이 전부 동일하게 급여를 받고 있습니다. 그리고 그 외에 추가적으로 어떤 프로페셔널한 사람들을 채용할 필요가 없다는 점에서 정말 인건비가 크게 절감되고, 그래서 제품 가격을 많이 낮출 수 있습니다.

그리고 노동 참여의 장점은 아까도 언급했습니다만, 사회적 관계를 맺고 서로 친구가 된다는 것이죠. 파크슬로프도 그렇고 라루브에서도 사람들이 모여서 친해질 수 있는 행사들을 따로 주최하기도 했습니다. 그런데 실제 그런 행사를 해 보면 나오는 사람이 얼마 안 됩니다. 파크슬로프는 조합원이 1만 8천

명 정도 되는데 한 30명 나왔고요, 저희는 4천 명 정도 되는데 10~12명 정도 나왔습니다. 물론 그런 자리 자체가 나쁘다는 것은 아니지만, 정말 중요한 것은 만나서 친해지는 것 그 자체를 목적으로 하는 행사보다 실제 할 일이 있어서 모일 때 더 가까워질 수 있다는 것입니다. 그래서 라루브에서는 이런 업무 노동에 대한 참여를 통해서 많은 사람이 새로운 친구를 사귀게 되었습니다. 독거 노인들도 친구들이 생겼고, 연애를 하는 젊은 조합원들도 생겼고요.

저희가 매장에서의 일 외에 주최했던 이벤트가 몇 가지 있는데요, 코로나 이전에만 했고 이제 막 다시 시작하려고 하는 것인데, 일 년에 한 번 파티를 했습니다. 한 100명 정도 모여서 같이 술도 마시고 라루브에 대한 자부심을 공유하면서 축하하는 자리입니다.

또 자원 활동을 하는 조합원들 가운데 코디네이터들끼리만 모이는 컨퍼런스 같은 것도 했습니다. 이 자리에 모이면 사실 굉장히 지루하게 업무와 관련한 상세한 이야기를 나눕니다. 예를 들어 "청소할 때 제일 좋은 순서가 뭐냐", "지하실 쓸기부터 시작하고 물걸레질은 맨 마지막에 하는 게 좋다" 이런 식의 디테일들을 이야기하는데, 그러한 가운데 굉장히 많은 발전이 있고 스스로 기여한다는 것을 느낄 수 있죠. 코디네이터 조합원이

한 220명 되는데, 그중에 150명은 의무가 아닌데도 참석하기도 했습니다.[28]

'조합원의 경제적 참여'를 실현하는 방식

사실 라루브에서 조합원들은 노동에 참여하면서 인건비 절감과 가격 하락에 기여하고 있기에 이것만으로도 충분히 경제적 참여가 된다. 그래서 여기서는 자본 운용을 중심으로 살펴보도록 한다.

첫째, 라루브의 최소 출자금은 100유로다. 그러나 라루브 조합원의 25% 정도 차지하는 공공부조 수급자들이나 불안정 취업자 등 저소득층에게는 한번에 이 비용을 내는 것이 부담스러울 수 있다. 그렇다고 면제해 주는 것이 아니라 2~5개월 분할 납부를 하도록 한다.

둘째, 조합원의 유형에 따라 권리와 의무와 혜택이 다르다. 크게 세 유형으로 나뉘는데 다음과 같다. 여기서 우리에게 새로운 점은 사회적협동조합이 아닌 소비자협동조합이라고 하

---

28 인용문은 컨퍼런스 후 발표 내용을 녹취한 것에서 일부 발췌한 것이다.

[표1] 라루브의 조합원(멤버) 유형에 따른 권리와 혜택 방식

조합원 유형	권리와 혜택
A유형 : 소비자조합원	서비스 이용 + 투표권 배당 금지
B유형 : 재정조합원 (개발 목적의 지원 조직)	서비스 이용 안 함 + 투표권 배당 금지
C유형 : 외부투자자 (재정 수입 목적)	서비스 이용 안 함 + 투표권 없음 우선배당(총회에서 배당율 결정)

더라도 그 안에 조합원 유형이 다양하며, 그에 따라 권리와 책임, 누리는 혜택 또한 다르다는 사실이다. 이는 실용적인 목적에 따라 만들어졌다고 볼 수 있다.

우선 재정조합원이란 사회적금융의 경우처럼 협동조합의 서비스를 이용할 목적이 아니라 사업을 지원할 목적으로 가입하는 경우이다. 외부투자자 조합원은 자본 조달을 위해 외부에 개방한 것으로, 엄밀히 따지면 이들은 서비스 이용도 안 하고 의결권도 없기 때문에 주인인 조합원이라고 하기는 어렵다.

그래서 멤버라는 용어를 사용한다. 그런데 이 C유형의 멤버는 단순히 투자수익을 노리고 들어온 투기꾼이 아니다. 만약 그들이 순전히 돈 때문이라면 다른 영리기업의 주식을 사거나 금융상품에 투자했을 것이다. 그렇지 않고 협동조합을 선택한 것은 그래도 그나마 사회적 목적을 가지는 기업에 투자하겠다는 생각을 가진 윤리적 투자자이다.

어쩌면 이런 방식이 1원칙인 '자발적이고 개방적인 조합원제도'에 더 부합할지도 모르겠다. 모두가 같은 방식으로 기여할 것이 아니라 누구는 협동조합을 개발할 목적으로 투자하고, 누구는 돈도 벌고 사회적 목적에도 기여하기 위해 투자하고, 그렇게 다양한 방식으로 각자 기여할 수 있도록 개방하여 열린 협동조합에 필요한 자원을 동원할 수 있도록 하는 것이 더 낫지 않을까? 게다가 외부투자자에게 개방하여 배당을 허용하더라도 그 비율은 조합원 총회에서 결정하고, 외부투자자들은 의결권이 없으니 그들에게 휘둘리지 않고 조합원에 의한 자본의 통제를 실현할 수 있다.

이탈리아의 사회적협동조합 '스텔라몬티스'

　이탈리아의 사회적협동조합(이하 사협)은 다중이해당사자 구조의 협동조합의 원조다. 그것은 조합원의 상호적 이익을 추구함과 동시에 지역사회의 이익(공익)을 추구하며 지역사회에 개방해야 했기 때문이다. 그러니까 통일성이 떨어지는 대신 외부의 자원을 동원할 수 있는 이점이 있다. 이러한 까닭에 사협은 멤버를 크게 두 가지로 구분한다. 노동을 제공하고 급여를 받는 노동자와 서비스를 이용하는 이용자 및 그 가족은 '협동조합 멤버(cooperative member)', 무급으로 노동을 제공하는 자원봉사자와 재정지원을 목적으로 가입한 이들은 '비협동조합 멤버(non-cooperative member)'로 구분한다. 그러니까 멤버는 멤버인데 일자리나 서비스 이용 등 협동조합에 직접적인 이해가 있는 이들은 협동조합 멤버이고, 직접적인 이해는 없으나 목적에 동의해서 돈이든 시간으로든 도와주고픈 이들은 비협동조합 멤버가 된다.

　그런데 재밌는 사실은 1991년에 제정된 이탈리아의 사회적협동조합에 관한 법은 굳이 다중이해당사자 구조를 강제하지는 않는데도 70%는 이러한 조합원 제도를 두고 있고, 3분의 1은 다양한 유형의 멤버로 구성된 이사회를 두고 있다. 그리고 공공부문 및 민간부문의 법인은 사협의 재정조달 및 사업개발을 목적으로 참여할 수 있음을 정관에 명시하도록 하고 있다.[29] 이런 구조는 앞서 본 라루브의 조합원 제도와 아주 유사하다.

더욱 재밌는 사실은 법적으로는 이윤 분배를 금지하지 않고 다만 총이익의 70%를 넘지 않아야 하며, 각 구좌의 한도 또한 정해야 한다는 원칙만 있을 뿐이다. 그러니까 이것은 배당은 하지 않되 출자금에 대한 이자를 지급하는 선에서 이윤을 분배한다는 뜻이며, 그 기준은 매년 회사채율에 따른다. 그리고 이익의 3%는 상조기금으로 적립하고 나머지는 비분할 적립금으로 할당해야 한다. 그러니까 이탈리아의 사회적협동조합에서 재정조합원은 자본수익이 목적인 투자자가 아니라 약간의 이자를 받고 재정을 지원할 목적으로 가입하는 이들이다. 그래서 대부분 지자체나 공공기관 같은 법인이 많으며, 개인의 경우에도 윤리적 예금자라고 할 수 있다.

그러면 이러한 제도가 실제 어떻게 적용되는지 스텔라몬티스의 사례[30]를 통해 살펴보자.

---

29 Carlo Borzaga(2020), 'Social enterprises and their ecosystem in Europe/ITALY', p. 22.

30 『이탈리아 사회적경제의 지역전개』, p. 204~208.

A유형 사회적협동조합

주거형 고령자 시설을 운영하는 스텔라몬티스는 1983년 설립 당시 280명의 조합원을 두는 협동조합이었다. 그 280명의 조합원은 마을에 거주하는 각 가구를 대표하는 이들이었다. 이런 의미에서 스텔라몬티스는 마을의 협동조합 성격을 가지고 있었다. 당시에는 아직 사회적협동조합법이 제정되기 전이었다. 이후 이 지방 차원에서 법이 제정되어 스텔라몬티스는 사협으로 전환하고 현재는 A형 사협에 속한다.

현재는 조합원 60명이며, 직원은 32명이고 60명이 수용 가능한 시설에 58명을 수용하고 있다. 280명에서 60명으로 축소된 까닭은 세 번에 걸친 조합원 총회의 결과이다. 원래는 모두가 이용을 목적으로 하는 조합원이었는데 자원봉사도 필요하고 재정 조달도 필요하므로 다양한 조합원 유형으로 구분하며 실질적으로 역할을 할 수 있는 조합원만 가입하도록 하여 책임성을 강화하는 방식으로 전환했다.

스텔라몬티스에서는 '조합원에 의한 민주적 통제'와 '조합원의 경제적 참여'를 실현하는 방식을 한꺼번에 살펴보는 것이 낫다. 사회적협동조합은 민주적 통제와 경제적 참여가 밀접히 연결되어 있기 때문이다.

밀접히 연결되어 있는 '민주적 통제'와 '경제적 참여'

오른쪽 표에서 보듯 사협의 경우 민주적인 운영을 위해 각 이해당사자를 대표하는 이사를 최소한 1명 이상 선출하고, 특정한 유형의 조합원 대표가 전체 이사의 과반을 넘지 않도록 한다. 특히 이탈리아 사협에서 지자체가 조합원으로 참여하는 경우 다양한 의견이 수용될 수 있도록 자치단체 의회의 대표 1인과 의회의 소수파 쪽에서도 1인이 대표될 수 있도록 한다. 또한 시설을 이용하지 않는 자원봉사 조합원과 재정지원을 하는 주민들까지 고루 참여하고 대표를 두므로 스텔라몬티스의 지배구조는 협동조합의 지배구조이면서 동시에 지역사회 지배구조의 성격을 가진다고 할 수 있다.

재정지원 조합원을 보면 각자 50만 리라 이상을 출자해야 한다. 280명의 이용자 조합원 중심이었을 때는 각자 2만 리라를 출자했는데(총 560만 리라), 조합원 수는 줄었으나 재정지원 조합원의 출자금만으로도 750만 리라가 되었으니 조합원 수의 축소가 출자금의 감소로 이어지지 않고 오히려 확대되었다. 그리고 이들은 배당받지 않고 낮은 이율의 이자를 지급받으며, 그것도 출자금 반환시 유보된 이자를 한꺼번에 환급받기 때문에 재정 부담도 줄어든다.

[표2] 스텔라몬티스의 멤버 유형, 대의제, 특성

조합원 유형	인원 (60명)	이사 (9명)	특징
노동	15	2	정규노동자+급여가 지급되지 않는 견습생+장애인 및 사회적불이익자
이용자 (가족)	15	1	서비스를 이용하는 사람과 그 가족

자원봉사	15	2	• 매주 2시간 노동 제공
			• 급여는 지급되지 않으나 실비가
			  지급되고 노동자재해보상보험에
			  가입

재정지원
(출자)
	15	주민 2
		+ 지자체 의회 대표 1
		+ 지자체 의회
		  소수파 대표 1
			• 협동조합 활동에 직접 관여하지
			  않고 50만 리라 이상 출자
			• 출자금 반환시 유보된 이자 지급
			  (최대 2%)

  스텔라몬티스를 비롯한 이탈리아 사회적협동조합의 조합원
제도는 한국의 사회적협동조합에 많은 시사점을 준다. 우선 형
식적인 다중이해당사자 구조가 아니라 철저히 이해를 대변할
수 있는 지배구조를 형성한다는 점이다. 두 번째는 다수의 자
원봉사자를 조직하고, 형식적인 후원 조합원이 아니라 실질적
으로 자본에 기여하는 재정지원 조합원의 참여이다. 사협을 비

롯하여 한국의 많은 협동조합은 자본 부족에 허덕이면서도, 급여를 받지 않고 정기적으로 노동을 제공하는 자원봉사 조합원이나 일정한 금액의 자본을 기여하는 재정지원 조합원을 조직하지 않는다. 이 부분은 한국 협동조합에서 감지되는 위험의 신호와 해결책에 관련된 문제이므로 2부에서 상세히 다루도록 하겠다.

제2부

'돈'과 '민주주의'의
갈등을 넘어

서문에서 밝혔듯이 나는 최근 몇 년 동안 개별 협동조합 조직들뿐 아니라 연합회 등에서 위험을 감지했다. 위험은 대부분 돈과 관련한 문제였다. 한마디로 협동조합적 방식으로 자본을 운용하지 않고 일반 영리기업처럼 하고 있었다. '필요'와 '열망'을 조직하기보다는 배당을 비롯한 각종 혜택을 내세워 조합원을 모으고, 조합원들의 이용과 출자와 증자를 통해 모은 자본으로 사업을 하기보다는 가족이나 지인 또는 은행에서 빌린 돈으로 사업을 하거나 빚을 갚는 일이 심심찮게 벌어졌다. 사람이 가는 데 돈이 가는 것이 아니라 돈이 사람을 끌고 가는 방식이었다.

　　"출자금이 많으면 가입을 안 할 것 같아서 최소한으로 낮췄다", "일단 많이 가입하게 해야 하니까 부담스러운 얘기는 나중에 하려고 뺐다", "이용은 개인의 자유인데 이용 안 하는 조합원을 어떻게 강요하나?", "당장 돈이 필요한데 조합원들한테 일일이 설명하고 동의 얻고 하다 보면 결정도 안 나고 시간만

간다. 게다가 증자를 하자고 해도 의무적으로 할 수 없으니 내는 사람만 내고 안 내는 사람은 어떻게 할 수가 없다", "적자가 난 걸 조합원들이 알면 탈퇴할까 봐 말 못했다" 등등. 이렇게 나름 다 이유가 있었다.

그런데 이런 이유가 과연 정당화될 수 있을까? 이것이 타당한 이유라면, 협동조합 방식으로는 사람들이 가입을 안 하고, 가입하고 나서 이용하지 않아도 내버려둬야 하고, 돈 내기 싫어하니까 돈 내라고 말하면 안 되고, 설명하고 의견 수렴하고 결정하려면 시간이 많이 걸리니까 생략해야 하고, 잘 안 되는 사정을 조합원들이 모르게 숨겨야 한다는 뜻이 된다. 한마디로 협동조합적 방식으로 하면 협동조합 하기 어렵다는 뜻이다. 그래서 그 귀결이 일반 기업 방식으로 하는 것이라면 다시 한번 근본적인 질문을 하지 않을 수 없다. 그러면 왜 협동조합을 하는가?

협동조합이 좋은 것 같으니까 하는 사람도 있을 것이고, 사회적경제를 활성화해야 하니까 협동조합으로 설립해야 한다고 생각하는 사람도 있을 것이고, 여러 사람과 함께하는 거니까 더 나을 것이라고 생각해서 하는 사람도 있을 것이다. 그런데 이런 선의는 곧 현실의 어려움에 부딪혀 환상은 깨어지고, 그래도 관둘 수 없으니 방법을 찾다 보면 이미 시장의 많은 기업이 하고 있는 방식으로 회귀한다. 어차피 뾰족한 수는 없으니 자기가 아는 방식으로 할 수밖에 없고, 그렇게 해도 이상하다고 말하는 사람이 주위에 별로 없으니 엇나간 줄 모르고 가는 수밖에.

혹자는 내가 협동조합을 너무 이상주의적으로 본다고 할 수도 있고, 큰 문제가 아닌데 너무 엄격한 잣대를 들이댄다고 할 수도 있다. 그럴 수도 있다. 하지만 나는 기술한 위기의 신호를 더욱 엄중하게 받아들여야 된다고 생각한다. 세 살 버릇 여든까지 간다고, 한번 든 습관은 나중에 고치기 어렵기 때문이다. 그러니까 아직 어릴 때 좋은 습관을 들여야 한다. 그리고 이 문제는 한국 협동조합운동의 역사의 측면에서도 중요한 문제다. 왜냐하면 한국 협동조합운동은 일제강점기에 시작되었으나 탄압을 받고 단절을 겪었다. 이후 개발독재시대에 확산된 협동조합들은 대부분 관변, 관제의 성격을 가지고 '조합원에 의한, 조합원을 위한, 조합원들의 결사체'로서 성장하지 않았다. 요즘도 심심찮게 그 조직들의 부정과 비리가 뉴스에 등장하고, 최근에는 한 지역 협동조합 은행의 조합장이 술에 취해서 직원을 때리며 학대하는 모습까지 등장한 정도다.

이러한 상황에서 사회적경제로서 협동조합의 위상을 찾고자 협동조합기본법 제정 운동이 일어났고, 그에 따라 '기본법

시대의 협동조합'이라는 말이 생길 정도로 새로운 협동조합운동에 대한 기대가 크다. 낡은 협동조합운동과 결별하고 새로운 협동조합운동을 시작하겠다는 의지가 결집된 결과이다. 그러하기에 그 새로운 시작의 시점에서, 참다운 협동조합운동을 하겠다는 이들이 만든 협동조합들이 어떤 실천을 하고, 어떻게 운영하는지는 장차 한국 협동조합운동의 미래가 달려 있는 문제다.

기본법 제정 후 강산이 한 번 변했다. 그동안은 미비한 법과 제도적 환경 속에서 어떻게든 살길을 모색하느라고 좌충우돌하며 경험을 쌓았을 것이다. 11년차에 접어든 이 시점에서는 잘 성장해서 성숙한 조직이 되기 위하여 꾸준히 학습하며 지난 경험을 성찰하여 좋은 습관을 들일 수 있도록 단련해야 할 때이다. 이런 과정을 통해 모두 다는 아닐지라도 소수의 협동조합이 중심을 잡고 지속가능함을 보여 준다면 건강한 협동조합운동의 전망이 보일 것이다. 그러기 위해 우선 많은 협동조합에게 울리는 위기의 신호를 감지하고, 그 신호가 어떤 의미를 가지는지 알아차려 직면해야 할 것이다.

1장

위기의 신호를
알아차려야 할 때

위기를 알리는 신호들 : 여섯 가지 에피소드

소개에 앞서 많은 협동조합이 안고 있는 문제들 가운데 이 에피소드들을 고른 까닭과 배경부터 설명하고자 한다.

우선 여기에 소개하는 협동조합들은 모두 기후위기에 대응하며 에너지전환을 촉진하고, 생산자와 소비자가 연대하여 우리 농업과 농민을 살리며 건강한 먹거리를 책임지는 공정한 거래를 하고, 지역에서 순환되는 경제를 구축한다는 사회적 목적을 분명히 하며 설립되었고, 협동조합의 가치를 믿고 협동조합 운동을 한다는 이들이 주체가 되어 운영하는 곳이기 때문이다. 그러하기에 그 목적에 부합하는 운영 체계를 갖추는 것 또한 중요한 과제이므로 각별한 관심을 기울여야 한다고 판단했다. 따라서 이미 공공연하게 알려진 여러 부정이나 비리 등의 문제를 노정하고 있는 협동조합들의 예는 배제했다.

둘째, 협동조합들이 안고 있는 문제들 가운데 여기에 소개하는 에피소드들보다 더 심각한 문제도 많이 있다. 그러나 이 책의 주제와 관련된 원칙의 이해 및 적용에 따른 자본 운용의 문제에 집중하기 위하여 고른 구체적인 예시이다. 그러므로 소개한 사례보다 더 큰 자본 운용 및 민주적 운영의 문제를 안고 있는 협동조합들의 상황을 종합적으로 아우른 것은 아니라는 점을 밝힌다.

에피소드 1 : 고정 배당 약속

약 7년 전의 일이다. A재생에너지협동조합의 실무자가 내게 도움을 청했다. 요지는 조합원들에게 약속한 배당금이 고갈되어 더 이상 지급할 수 없게 되었으니 조합원들의 의식을 개선하여 사업이 활성화될 수 있도록 교육을 해 달라는 것이었다. 약속한 배당금을 지급하느라 심지어 출자금까지 줄어들고 있다고 했다. 그러다가는 출자금까지 바닥날 수 있으니 도저히 안 되겠다 싶어서 SOS를 친 것이다.

나는 그 상황이 도무지 이해가 안 되었다. 우선 협동조합이 배당을 하는 것도 문제이지만, 만약 배당을 한다 하더라도 잉여가 발생할 때 가능한 것이고, 지급가능한 총액은 발생한 잉여에서 적립금을 제외하고 남은 금액의 일부로 한도가 정해져 있는데 어떻게 출자한 자본에 대해 배당률을 사전에 약속할 수 있단 말인가?

그래서 물어보니 국가와 지자체 정책 사업이라서 안정적인 수익이 보장될 것이기 때문에 배당률을 약속할 수 있다고 판단했다는 것이다. 게다가 발전소 건설은 큰 비용이 들기 때문에 고액의 출자자가 필요했고, 그들을 유치하려면 배당금을 보장해야 한다고 판단했다는 것이다. 그런데 실제 사업을 해보니 중간에 정책 변동 등 여러 이유로 예상한 고정 수익은 나지 않았지만 조합원들과의 약속이라서 정한 배당률에 따라 배당금을 지급하지 않을 수 없었다고 했다. 그 협동조합은 큰 규모의 협동조합 연합회 차원에서 만들어졌고, 그 협동조합의 조합원들이 참여해서 설립한 조직이다.

에피소드 2 : 고액 출자자를 모시려면 배당을 해야 한다?

또 다른 사례는 약 2년 전 일이다. 우연히 페이스북에 올라온 B재생에너지협동조합의 조합원 모집 홍보물을 보았다. 그 조합에서 신규 오픈하는 에너지절약 제품을 판매하는 상점을 소개하며 이 상점을 이용하려면 조합원으로 가입하라는 안내였다. 그런데 안내문에는 조합원으로 가입하면 상점을 이용할 수 있을 뿐 아니라 일정한 수익도 얻을 수 있는 혜택이 있다는 것이었다. 한마디로 기후위기에 대응하는 활동에 참여하면서 돈도 벌 수 있다는 논리였다.

나는 보고도 내 눈을 의심했다. B협동조합이 소재한 지역은 협동조합운동이 활성화된 곳이고, 그 홍보물을 올린 사람을 비롯하여 많은 소속 조합원들이 왕성하게 시민사회단체 활동을 하거나 협동조합 활동을 하는 사람들이라는 것을 알고 있었기 때문이다. 그런데 어떻게 이런 곳에서, 이런 사람들까지 수익을 약속하며 조합원들을 모집하는 것일까?

2022년에 외국인 친구 연구자와 문제의 그 B협동조합을 방문했다. 친구는 에너지전환과 관련한 다양한 한국 협동조합의 사례 조사차 내게 도움을 요청했었고, 나는 관련 활동을 잘 아는 지인을 통해 이 B협동조합을 소개받았다. B협동조합은 후

쿠시마 원전 붕괴 사건 후 탈핵운동을 했던 시민들이 주축이 되었고, 지자체의 우호적인 정책에 힘입어 꾸준히 발전소를 짓다가 지자체장의 변경으로 정책 사업이 중단되어 어려움에 처한 상황이라고 했다. 더 이상 발전소를 설립할 부지를 찾기도 어렵고, 설립 비용도 턱없이 부족하기 때문이었다.

그래서 그동안 발생한 수익으로 적립금을 조성해 두지 않았느냐고 물었더니 법정적립금만 최소로 적립하고 나머지는 다 배당을 했다는 것이다. 잉여금의 80% 정도를 다 배당을 했다니! 협동조합 전문가인 나의 친구는 어떻게 영리기업보다 더 배당률이 높을 수 있냐며 어이없어 했다. 이유를 물어보니 그 협동조합의 설립자 중 영향력이 큰 사람이 고액 투자자를 모집하려면 수익을 보장해야 한다고 강력히 주장했다는 것이다. 조합원 중 배당 지급을 반대하는 사람들이 꽤 있었지만 현실적으로 자본이 필요했고, 그 자본을 제공할 수 있는 돈 있는 사람들을 동원할 능력이 있는 사람이 강력히 주장했기 때문에 어쩔 수 없이 그렇게 됐다고 설명했다. 물론 앞의 사례처럼 무조건 처음부터 배당을 약속한 것은 아니고 수익이 발생한 시점부터 배당하기 시작했다. 어쨌든 이후 자치단체장의 변동과 그로 인한 정책 변화에 따라 사업은 막다른 골목에 봉착했고, 대안을 모색하고 있으나 부지를 확보할 자금도, 설립 비용도 부족한 어려운 상황이 되었다.

에피소드 3 : 협동조합 간의 협동보다 우선인 배당

이제 두 에피소드를 종결할 정점에 이르렀다. 같은 해인 2022년, 나는 원주에 있는 생명협동교육관에서 무위당멘토스쿨의 길잡이 역할을 했었다. 프로그램의 주제는 '협동조합에서 일한다는 것은? 조합원 노동과 임금노동에서의 공정함의 문제'였다. 당시 대부분의 참여자가 협동조합의 실무 책임자들이었는데 그중 재생에너지협동조합들의 연합회 출신의 실무자가 있었다. 그 자신 임금노동자인 상근 실무자이면서도 실제 연합회 사업의 집행을 책임지다시피 하는 관리자로서의 어려움을 토로했다. 그중 하나가 연합회의 살림이 어려워 실무자들이 프로젝트를 따와서 수행하는 데 급급하고, 그 실무자들은 대부분 프로젝트를 위해 한시적으로 채용하는 계약직이라는 것이다.

그의 발언이 끝난 후 나는 프로그램에 참여했던 모든 사람에게 그 말을 듣고 드는 생각이나 감정을 한 단어로 표현해 보라고 요청했다. 그랬더니 '일회용품 취급, 화난다, 너무한다, 기가 찬다' 등 하나같이 그런 식으로 일하는 사람을 '부리는' 방식에 대해 분노했다.

이것이 에피소드 1과 2의 귀결점이라는 생각이 들었다. 소속 단위협동조합들이 배당을 약속하여 조합원들을 모집하고 그 돈으로 건설한 발전소를 통해 얻은 이익의 일부만 적립하고 나머지는 배당금으로 다 나눠 준 반면, 연합회는 단위협동조합에서 하기 어려운 사업 개발과 정책 생산, 제도 개선 등 연합회가 해야 할 활동에 집중하지 못하고 계약직을 채용하여 공모 사업을 따와서 살림을 꾸려 가고 있었던 것이다.

에피소드 4 : 출자금을 면제해 주면 가입할 것이다?

몇 해 전 내가 조합원으로 속해 있는 C소비자생활협동조합에서 문자가 날아왔다. 매일 몇 번씩 물품 홍보와 할인 혜택에 대한 안내가 오지만 때로는 조합원이 참여할 수 있는 활동 소식을 보내오기에 꼬박꼬박 챙겨 보는 편이다. 그런데 한번은 청년들을 위해 건강한 먹거리를 지원하기 위해 일정 기간 동안 가입하면 출자금을 면제한다는 문자가 왔다. '아니, 그렇게 얘기를 했는데도 결국!'

내가 안타까움의 탄성을 내지른 까닭이 있다. 그 전해에 서울의 한 지역 협동조합협의회가 개최한 행사에 강의하러 갔던 때였다. 당시 C협동조합과 같은 연합회에 속해 있는 그 지역의 D생협 임원이 앞서 말한 취지의 제도를 도입하려고 하는데 어떻게 생각하느냐고 내게 질문을 했었다.

나는 우선 그 제도는 별로 효과가 없을 것이고, 효과가 있다고 가정해도 협동조합의 원칙에 어긋나기 때문에 해서는 안 된다고 설명했다. 생협에 가입하기 위한 최소 출자금은 3만 원인데 아무리 청년이라도 그것조차 내지 못할 사람은 거의 없을 것이다. 설혹 출자금을 면제받고 가입했다손 치더라도 생협은 이용이 목적인데 만약 그 청년의 형편이 쪼들린다면 어떻게 지속적으로 이용할 수 있겠는가? 그리고 보다 근본적인 문제가 있다. 조합원은 자기 책임을 다하며 협동조합의 주인 노릇을 해야 하는데 가입을 위한 출자금조차 내지 않으면 시작부터 자신의 의무를 하지 않게 된다. 그렇게 예외를 두기 시작하면 협동조합의 원칙은 무너지게 될 것이라고 했다.

하지만 결국 C와 D가 있는 생협의 연합회는 청년을 위한 출자금 면제를 한시적으로 시행하는 제도를 도입했던 것이다. 참고로 그 지원제도가 도입되기 전에 나는 한 번도 조합원 의견 수렴을 한다는 문자나 전화를 받은 적이 없고 내가 이용하는

SNS에서 그런 홍보를 하는 것을 본 적도 없다.

나는 사회적경제 영역에서 일하며 모임을 하는 20~30대 청년들에게 그 제도를 어떻게 생각하느냐고 물어보았다. 출자금을 면제해 주면 고맙겠지만 실질적으로 도움은 별로 안 될 거라고 했다. 이유는 청년들이 직접 요리를 해 먹는 경우가 드물고, 한다고 해도 생협에서 장을 보는 건 부담스럽기 때문이라고 했다. 또 다른 학습의 기회에 생협을 자주 이용하는 어느 협동조합연합회의 임직원들에게도 청년 대상 출자금 면제제도에 대한 의견을 물어보았다. 그들 대부분은 그게 무슨 효과가 있겠느냐고 반문했다.

이후 나는 다른 자리에서 만난 해당 생협의 조합원들에게 그 제도를 시행한 후 효과가 있었는지 물어보았다. 그 덕에 가입이 조금 늘었을 뿐 그들이 지속적으로 이용하는 경우는 별로 없다고 했다. 물론 나는 연합회 차원에서 공식적으로 그 제도 시행 후 성과에 대해 평가를 했는지, 했으면 어떻게 나왔는지 알지 못한다. 소식을 받지도 못했고 알려 준 이도 없기 때문이다. 내가 찾아보고 물어봐야 하겠지만 그러한 과정이 무척 복잡하고 어렵다는 것을 알고 있다.

에피소드 5 :

금융기관들보다 조합원들에게 이자 혜택을 주는 것이 낫다?

올해 초 지역의 E생협에서 난리가 났다는 소식을 들었다. 알아보니 누적된 채무에, 부족한 자본을 여기저기서 대출 받고 조합원들로부터 차입해 가며 버텨 왔는데 하나 둘씩 만기일이 도래하여 이리 막고 저리 막다가 한계 상황에 이르렀다는 것이다. 게다가 은행 이율은 껑충 뛰어 이자 부담은 예상을 뛰어넘어 원금 상환은커녕 이자 지급도 어려운 상황이었다.

금융권 차입은 일단 차치하고, 문제는 조합원 차입이다. 살펴보니 그 액수도 억대였고, 이율은 과거에는 은행 이율보다 조금 높았으나 고금리로 인해 낮아졌다 해도 4%대였다. 게다가 대부분 단기 차입이어서 금세 만기가 돌아와서 정신이 없는 상황이었다. 은행 대출은 어려운데 증자도 잘 안 되니 조합원 차입을 했다는데 여러 가지로 이해가 안 되는 부분이 많아서 대책위원 중 한 사람에게 사정을 물어보았다. 우선 차입해 준 조합원들이 자신도 은행에서 대출을 받아서 차입해 준 것인지, 그래서 이자를 지급하는 것인지 물으니 그건 아니라고 했다. 일부를 제외하고는 살 만한 사람이 여윳돈으로 꿔 준 거라고 했다. 아니 그러면 조합 형편이 어려운데 돈이 있으면서 증자는 안 하고 돈 꿔 주고 이자를 받는다는 말인가?

예전에 이런 말을 들은 적이 있다. 어차피 돈이 필요해서 빌려야 한다면 은행권에 이자를 주는 것보다 조합원들한테 이자를 주어 그 혜택이 조합원들에게로 돌아가는 게 낫지 않겠느냐고. 그렇게 해도 차입 안 해 주는 조합원들이 있는데 해 주니 다행이라고. 그 대책위원은 이와 비슷한 논리로 내게 답을 하며 은행권의 대출도 어려워 조합원에게 차입하지 않을 수 없었다고 했다.

그래서 나는 그에게 다시 물었다. 다른 조합원들은 출자하고 10원 한 푼도 안 받는데 같은 조합원이면서 차입을 해 준 사람한테는 이자를 주면 그게 과연 공정하다고 생각하는지? 증자는 안 하면서 돈을 빌려주고 이자를 받는 조합원들을 보면서 증자를 한 조합원들은 어떤 심정이 들지 생각해 보았는지? 마지막으로, 증자는 보상이 없고 차입은 이자를 통해 보상해 주는 상황에서 조합원들이 어떤 선택을 할 것이라고 생각하는지? 대책위원은 그렇게는 생각해 보지 못했다며 문제가 있음을 인정하고 논의하겠다고 말했다.

에피소드 6 : 은행보다 높은 수익률을 제공하는 협동조합

어느 날 페이스북에 현금 5만 원권 지폐 사진을 올린 한 페친의 글을 보았다. 자기가 조합원으로 있는 협동조합에서 출자금 50만 원에 대해 10%의 배당을 받았다고 자랑하는 포스팅이었다. 협동조합기본법에서는 출자금의 10%까지 배당을 허용하는 조항이 있다는 걸 뒤늦게야 알았다. 그럼 만약 천만 원을 출자한 사람이 있다면 100만원이나 받지 않았을까?

하기야 내가 가입한 지역 신협의 상임이사 출마의 변이 '낮은 이율과 높은 배당'이었고, 예전에 경북 상주에서 귀농인들 모임에 갔더니 지역 농협이 높은 배당금을 줄 테니 출자 많이 하라며 조합원들에게 홍보한다고 했다. 이제까지는 신협이나 농협 등 특별법상의 협동조합들이 주식회사처럼 배당한다는 사실을 알고 있었지만, 기본법상의 협동조합들도 별로 다르지 않았다.

원칙에 비추어 본 실천의 문제점

잘못된 자본 운용의 결과는 누적된 적자, 차입과 이자 지급에 따른 손실, 부족한 운영 자본으로 인해 충분한 인력을 확보하지 못해 발생하는 업무 지장, 그 모든 것은 부실한 사업 성과로 귀결된다. 그리고 이런 경영 악화는 다시 조직 내부의 갈등으로 이어져 결속력은 떨어지고 회복할 동력을 잃어 '노답'의 교착 상태에 빠진다. 이 악순환 구조에서 단계의 차이와 정도의 차이는 있다. 그래서 아주 심각한 지경인 곳도 있고 개선의 여지가 보이는 곳도 있다.

그런데 상황을 자세히 들여다보니 돈 문제는 단지 돈 문제가 아니었다. 그 본질적인 원인은 구조적인 문제였고, 그중에서도 핵심적인 이유는 조합원의 참여와 민주적 통제가 되지 않고 형식화되어 가는 민주주의 때문이었다. 어찌어찌 어렵게 성원은 맞추어 총회는 개최되지만, 평소 보고와 소통 체계가 정비되어 있지 않아 개방적이고 투명한 운영이 어려운 상황이었다. 한두 달에 한 번 또는 분기별로 소집되는 이사회에서는 실무자로부터 보고는 들어도 정확히 잘 모르겠고, 알아도 한두 시간 동안의 회의로는 모든 문제를 다 짚어 해결하기 어렵기 때문에 대략적인 방향만 잡고 나머지는 실무자에게 맡긴다. 그러다 보니 일반 조합원들은 대부분 자기 조직이 어떤 상태인지 정확히 모르고, 문제가 감지되었을 때도 '위에서 알아서 하겠지' 하며 방치하거나, '내가 나설 자리가 아니야'라며 한발 물러서서 관망하는 태세를 취한다. 조합원들이 내 일이 아니라 여기며 주인 노릇을 하지 않는 사이에 조직은 무주공산(無主空山)이 된다. 최악의 시나리오는, 더 심각해지기 전에 출자금이라도 건져야겠다고 이참에 탈퇴하자는 '엑시트(exit) 파'가 등장하는 경우이다. 물론 앞에 언급한 조직들은 이런 막장 드라마를 연출하지는 않았지만 시나리오가 현실이 되는 협동조합들의 소식도 종종 들었다.

막다른 골목에서 잠시 멈추고 차분히 돌아볼 여유가 있다면 좋겠지만, 문제를 해결해야 할 책임을 맡은 소수의 임직원은 당장 닥친 업무를 처리하느라 그럴 여유가 없다. 누적된 피로감이 엄습하여 이러지도 못하고 저러지도 못하는 상태이거나, 도대체 어디서부터 어떻게 풀어야 할지, 잘못 끼운 첫 단추를 풀고 리셋할 엄두는 나지 않고…….

결국 돈 문제는 사람의 문제이고, 사람의 문제는 주인 노릇과 민주적 통제의 문제이다. 그래서 나는 이 장에서 위기의 신호를 쓰기 전에 1부에서 협동조합의 힘이 무엇인지, 그 힘이 어떤 식으로 발현되어야 하는지 관점을 잡고 이해하는 글을 먼저 썼다. 문제가 뭔지 밝히고, 그 원인이 무엇인지 진단을 하고 해결책을 제시하는 것이 순서일 것이다. 하지만 먼저 관점이 정립되지 않으면 문제를 직면할 마음을 내기도 어렵고, 진단에 대해 합의하기도 어렵고, 그러다 보면 해결책은 그냥 좋은 얘기로 끝날 우려가 있기에 순서를 좀 바꿨다. 먼저 차분히 들여다보며 현실을 직면하기 위한 준비 작업을 한 것으로 이해하면 좋겠다.

이렇게 조심스럽게 다가가는 이유가 있다. 여기서 내가 짚을 문제를 안고 있는 조직들의 주체들은 분명한 사회적 목적을 가지고 시작했고, 그래서 남들보다 더 많은 시간과 에너지를 들였으며, 자신의 이익보다는 공동의 이익을 위해 고군분투한 협동조합인들이기 때문이다.

이제 그 신호들은 어떤 위험을 안고 있으며 어디서부터 어떻게 엇나갔는지 하나하나 따지며 얽힌 실타래를 풀어 가고자 한다. 모든 문제를 다 다루기는 불가하니 에피소드를 중심으로 살펴보도록 한다.

투자자이기에 배당을 약속하는 사례

먼저 문제점부터 짚어 보자.

첫째는 배당 약속의 불가능성이다. 배당의 옳고 그름을 따지기 전에 일단 협동조합은 배당이든 출자금에 대한 이자 지급이든 고정 수익율을 보장하거나 안정된 수익을 보장하는 것은 구조적으로 불가능하다. 왜냐하면 일단 수익이 나야 배당할 수 있는데, 그것이 보장되는 경우는 거의 없기 때문이다. 재생에너지사업과 같이 정책 사업의 차원에서 이루어진다 하더라도 정책이라는 것이 영원하지 않고, 집권 정당이 바뀌거나 지자체장이 바뀌거나 다수당이 바뀌면 언제든 정책 방향이 뒤집어질 수 있다. 국가 차원에서 이루어지는 국민연금제도같이 보편적인 복지제도도 보장 기준이 바뀌고 개혁이 이루어지는데 하물며 협동조합의 사업에서 고정 수익 보장이 가능할까?

둘째, 살림살이 능력이 다르면 생산성과 수익성도 달라진다. 만의 하나, 사업이 안정적이고 이윤이 지속적으로 발생한다 하더라도 조직의 상황이나 경영 능력에 따라 지출 규모가 달라진다. 세들어 사는 조직이라면 건물주가 보증금이나 임대료를 올릴 수도 있고, 행정이나 회계 전문성이 떨어져 문제가 발생할 수도 있고, 살림살이에 약한 경영 책임자가 방만하게 사업

비를 집행할 수도 있고⋯⋯. 번 돈을 까먹을 이유는 천 가지 만 가지를 들 수 있다.

이제 고정 수익률을 약속하거나 배당을 보장하는 것이 왜 협동조합의 전통과 ICA의 원칙에 어긋나는지 살펴보자. 앞서 1부 2장에서 살펴본 협동조합의 전통과 ICA의 원칙에 따르면, 협동조합은 ① 공동재산의 형성을 위하여 적립하고(적립금 조성 방안은 잉여의 일부, 가입 조건으로 출자한 자본, 이용 실적에 따라 분배된 이윤의 일부의 정기적인 증자), ② 가입 조건으로 납입한 출자금에 대해서는 제한적으로 보상할 수 있으며(통상 제한적인 이자 지급), ③ 이윤의 분배 또한 자본에 비례하지 않고 거래량, 즉 이용 실적에 비례하여 이루어진다고 했다. 이 세 가지가 자본 운용의 뼈대를 이루며, 추가 사항으로 이용 실적에 따른 분배 중 일부를 정기적으로 적립하는 방안과 잉여의 일부를 사회적 목적을 가지는 사업에 활용할 수 있다는 부가적 활용 방안이 있다.

이러한 원칙을 보면 협동조합 자본 운용의 핵심은 지속가능한 사업을 위한 공동재산 형성이라 할 수 있다. 공동재산은 단순히 가입할 때 납입하는 의무적인 출자금만이 아니다. 잉여가 발생할 때 의무적으로 할당해야 하는 적립금과 더불어 발생한 이윤을 분배할 때도 그 일부를 정기적인 증자로 전환하여 공동의 재산인 공동자본을 조성해야 한다는 것이다. 그러니 조합원 개인 소유가 되는 자본은 출자한 자본에 대한 이자 정도뿐이고, 일부는 지역사회나 여타 사회적 목적을 위한 사업에 할당한다.

그런데 에피소드 1과 2를 보면 출자금에 대해 고정 수익을 보장하거나 배당을 약속함으로써 마치 출자금이 협동조합의 공동재산을 형성하기 위한 기여가 목적이 아니라 개인적으로 자본 수익을 얻기 위한 수단으로 여기도록 안내하는 오류를 범했다. 그리고 이러한 원칙에 따라 자본에 비례하여 이익을 얻도록 하는 두 번째 오류를 범함으로써 협동조합의 근본 토대를 무너뜨리는 방식이라 할 수 있다.

그런데 이렇게 된 데는 한국 재생에너지협동조합이 처한 조건에 기인하는 측면이 있다. 대부분의 유럽 국가의 재생에너지협동조합들은 조합원들이 투자자가 되기도 하지만 스스로 생산한 에너지의 소비자가 될 수 있다. 반면, 한국의 재생에너지협동조합들은 생산한 에너지를 한전에 팔아 수익을 낼 수 있지만 개별 조합원들이 협동조합이 생산한 에너지의 직접적인 소비자가 될 수 없다. 이는 한국에서는 에너지 시장의 개방에 따른 공급자의 다변화 정책이 도입되지 않았기 때문이다. 이런 까닭에 재생에너지협동조합의 조합원들은 투자는 해도 이용은 할 수 없어서, 이용 목적보다는 투자 목적으로 조합원들을 모집하게 되고, 조합원들의 이용 실적에 따른 이윤 분배 또한 불가능하다. 이러한 부분은 분명히 제도적인 개선이 필요하다.

하지만 이러한 조건을 고려하더라도 투자에 대한 수익을 목적으로 협동조합이 운영되어서는 안 되며, 따라서 그러한 혜택을 보장하며 조합원 가입을 유도해서도 안 된다. 출자한 자본에 대하여 제한적인 이자를 지급할 수 있지만 자본에 비례하여 배당하는 것은 협동조합의 원칙에 어긋난다.

그런데 다음 인용에서 보듯 이러한 관행이 정착된 데에는 협동조합기본법의 문제가 크게 작용했다. 1부 2장에서 다루었듯이 기본법에서 납입출자금 총액의 10% 한도 내에서 배당을 허용하기 때문이다. 이 문구에도 불구하고 많은 협동조합이 배당을 하지 않는다는 조항을 두고 있으나, 재생에너지협동조합의 경우 특이한 조건으로 인하여 배당을 허용한 것으로 이해할 수 있다.

제51조(손실금의 보전과 잉여금의 배당)
① 협동조합은 매 회계연도의 결산 결과 손실금(당기손실금을 말한다)이 발생하면 미처분이월금, 임의적립금, 법정적립금의 순으로 이를 보전하고, 보전 후에도 부족이 있을 때에는 이를 다음 회계연도에 이월한다.

② 협동조합이 제1항에 따른 손실금을 보전하고 제50조에 따른 법정적립금 및 임의적립금 등을 적립한 이후에는 정관으로 정하는 바에 따라 조합원에게 잉여금을 배당할 수 있다.

③ 제2항에 따른 잉여금 배당의 경우 협동조합사업 이용실적에 대한 배당은 전체 배당액의 100분의 50 이상이어야 하고, **납입 출자액에 대한 배당은 납입출자금의 100분의 10을 초과하여서는 아니 된다.**

두 번째 문제는 발생한 잉여를 배당하는 데 소진하고 지역사회나 사회적 목적을 가지는 사업에 할당하는 일을 소홀히 했다는 점이다. 그에 따라 기술한 제도 개선을 위한 활동 및 에너지 전환을 위한 다양한 조사 연구 및 시민 의식 개선 활동을 해야 하는 연합회의 재정은 부족하여 외부 자원을 동원하는 경제사업에 주력해야 하는 모순에 빠진 것이다.

따라서 이 경우 조직의 설립 목적에 부합하도록 수익의 많은 부분을 적립하여 공동의 자본을 조성하여 재생에너지 생산을 확대하기 위한 사업 개발에 할당하도록 원칙을 수립했어야 했다. 그리고 일부는 사회적 목적을 가지는 연합회 차원의 활동력을 강화하기 위한 사업에 필요한 기금을 조성하는 등의 방식으로 할당했어야 했다.

일반 영리기업 중 재생에너지 사업을 하는 곳은 수익을 목적으로 하지만 재생에너지협동조합 중 투자수익을 목적으로 설립한다고 정관에 명시된 곳은 없다. 그렇다면 아무리 제도적 여건이 좋지 않다고 하더라도 투자자이기에 수익을 보장한다는 논리를 앞세우는 것은 정당화될 수 없을 것이다. 물론 재생에너지 관련 제도와 정책, 그리고 미비한 협동조합기본법 때문에 발생한 문제라고 할 수 있다. 그러기에 이러한 경험을, 법과 제도에 의지하여 협동조합을 운영할 것이 아니라 그것을 참고하되 협동조합의 전통과 원칙에 대한 충분한 학습과 이해를 기반으로 운영해야 한다는 교훈으로 삼으면 좋겠다.

조합원 차입과 이자 지급 사례

협동조합기본법이 제정되기 전 조합원 차입은 자본 조달에 어려움을 겪는 협동조합들이 심심찮게 활용하던 방식이었다. 왜냐하면 협동조합의 특성이 사회적으로 인정되지 않아서 조합원들의 출자금은 탈퇴 시 환급해야 하므로 회계상 기업의 채무로 여겨져 은행권에 의한 신용평가에서 낮은 등급을 받았고, 그에 따라 대출이 쉽지 않았기 때문이다. 또한 기본법 이전에는 특별법의 형태로 존재했기 때문에 협동조합은 다양한 제도적 혜택에서 소외되었을 뿐 아니라 특성이 반영되지 않아 각종 불이익을 당하곤 했다.

물론 비축된 적립금이 충분하다면 대출이 필요하지 않았겠지만, 불리한 환경에서 사업적으로 성공하기는 매우 어려운 상황이었다. 게다가 앞서 다룬 협동조합의 다양한 자본 운용 방식에 대한 이해 부족으로 인하여 충분한 자본을 조성하지 못했다. 그래서 큰 손실이 발생하거나 경쟁력을 갖추기 위한 투자가 필요하거나 할 때 조합원 차입을 활용하곤 했다. 이런 까닭에 협동조합기본법이 제정되고 사회적경제 관련 제도와 정책이 만들어질 때 사회적금융에 대한 요구가 많았고, 사회적경제기본법 제정의 중요한 목적 가운데 하나도 협동조합을 비롯한 사회적경제조직에 투자하거나 대출하는 금융기관 설립이었다.

그런데 정작 조합원 차입 문제에 관해서는 이것이 협동조합의 원칙에 비추어 타당한가에 대한 논의는 거의 없었다. 대신 2015년경 모 협동조합의 조합원 차입 문제를 언론에서 다룬 적이 있었다. 하지만 당시의 논점은 협동조합이 은행도 아닌데 여수신 기능을 하는 불법성을 중심으로 다루어졌을 뿐, 그 관행이 협동조합의 관점에서 타당한가에 대한 주제는 공론화되지 않았다. 그만큼 조합원 차입에 대한 문제제기는 거의 없었고, 오히려 은행에 이자를 주는 것보다는 조합원에게 이자를 줌으로써 조합원이 혜택을 받는다는 논리로 옹호되기까지 했다.

그런데 조합원 차입이 정말 협동조합에 도움이 되는 유효한 방식일까? 그리고 그것은 협동조합의 원칙에 비추어 아무런 문제가 없는 것일까? 우선 첫 번째 질문에 대하여 에피소드 4에서 보았듯이 조합원 차입이 오히려 조합의 재정난을 불러올 수 있다는 점을 확인할 수 있다. 왜냐하면 조합원 차입은 시중은행보다 더 높은 이자를 지급하며 단기간의 차입이 많아서 단기간 경영이 개선되지 않으면 또 다른 재정난을 불러올 수 있기 때문이다. 또한, 수익이 나더라도 이자 지급에 써야 하기 때문에 잉여가 줄어들어 적립금을 조성할 수 없으므로 공동의 재산을 형성하는 데 장애가 된다.

협동조합의 원칙에 비추어 본 타당성에 대한 두 번째 질문에 대해서 자세히 살펴보면 많은 문제가 있음을 알 수 있다.

첫째, 가장 중요하고 심각한 문제는 '공정성'과 관련된 점이다. 일반 출자자들은 납입자본에 대하여 배당을 받거나 이자를 받는 등의 보상이 전혀 없고 심지어 증자를 해도 어떠한 혜택도 받지 않는다. 그런데 같은 조합원이면서 차입을 해 준 조합원들은 이자를 받는 특혜를 누리게 된다.

둘째, 불공정 문제와 더불어 누구는 증자를 하는데 누구는 차입을 해 주고 이자를 받는다면 '공정하게 자본에 기여한다'는 3원칙에 어긋난다. 이와 더불어 자본에 대한 보상을 허용하기 시작하면 이왕이면 이자를 받는 차입을 선택하고 증자를 피하는 문제가 발생할 수 있다. 이러한 조직 문화가 형성되면 누구는 기꺼이 자본 수익을 따지지 않고 필요한 때 자본을 기여하고, 누구는 보상을 기대하고 기여함으로써 공정한 자본 기여의 원칙이 무너질 위험이 있다.

셋째, 협동조합의 사업 성과로 인한 과실은 조합의 발전에 사용되거나, 이용 실적이 많아 사업 활성화에 기여한 조합원에게 혜택을 주는 데 사용되어야 한다. 그런데 돈을 꿔 준 일부 조합원들에게 돌아간다면 협동의 결과로 발생한 이익이 사유화되고, 사업 활성화에 기여한 조합원들이 누릴 혜택은 줄어들거나 없어진다.

이 또한 다른 측면에서 공정함의 문제에 해당하지만, 더 근본적으로는 공동의 것이 사유화되는 문제로 엄중히 다루어야 한다. 왜냐하면 조합원들의 결속력을 기반으로 한 참여와 주인 노릇이 협동조합의 생명인데, 사적인 소유가 강화되면 결속력은 떨어지고 공동의 소유 의식이 약해져 협동의 힘이 발휘되기 어려워지기 때문이다. 이렇게 볼 때 조합원 차입은 단기 처방으로 유효할 수 있을지 몰라도 장기적으로는 2원칙과 3원칙 모두에 부정적인 영향을 미칠 수 있다. 그러므로 조합원 차입은 협동조합의 지속가능성에는 위험 요소로 작용하게 된다.

출자금 면제 사례

출자금 면제에는 두 가지 문제가 있다.

첫째, 1부의 2장에서 보았듯이 출자금은 나를 위한 입장료가 아니라 공동의 운영 자본을 조성하는 일이며, 이는 주인 노릇을 하기 위한 첫 번째 조건이다. 그렇다면 협동조합 조합원으로서 소액이나마 자본을 기여함으로써 주인의 의무와 책임을 해야 한다. 그런데 누구는 면제하고 누구는 면제하지 않는다면 일단 공정성의 문제가 제기된다.

둘째, 소비자생활협동조합은 이용을 목적으로 한다. 그런데 가입 문턱을 낮춰 준다고 이용이 가능해질까? 딱 한 번 이용하기 위해 가입하지 않고 일상의 생필품, 특히 일용할 양식인 먹거리를 이용하고자 하는 목적이 큰데, 가입 후 지불할 돈은 어떻게 할 것인가? 물론 내야 할 돈을 면제해 준다면 마다할 사람은 없을 것이다. 그리고 일단 가입하도록 하여 문지방을 넘으면 잘 몰랐던 생협의 장점을 발견할 수 있고, 그 안에서 자신의 필요와 처지에 적합한 물건을 찾아 이용할 수도 있을 것이다. 그러므로 출자금 면제는 문턱을 낮추는 방안이 아니라 개방성을 높일 수 있는 방안으로서 의미를 찾을 수 있다. 그렇지만 이러한 기대는 지속적으로 생협을 이용할 수 있는 재정 여건을 갖추었으며, 혼자 살든 동거인이 있든 집에서 한 끼라도 제대로 밥을 해 먹고 살며, 이왕이면 좋은 먹거리를 먹고 살아야겠다는 의식을 가진 이들을 겨냥할 때 충족될 수 있을 것이다. 하지만 이들을 겨냥한다면 굳이 출자금 면제보다는 오히려 생협의 장점과 활용 방안에 대한 홍보를 바탕으로 청년들에게 다가갈 수 있는 보다 철저한 전략이 필요한 것이 아닐까?

그런데 생협의 장점을 알지만 문턱을 넘지 못하는 청년들의 문제는 사실 처지에 비해 높은 지불 가격이다. 그리고 청년뿐 아니라 생협의 물품을 이용하고 싶은데 형편이 어려운 사람들이 많이 있다. 이러한 문제는 청년이 아니더라도 많은 경제적 약자에게 해당되는 일이므로 문턱 낮은 협동조합을 만드는 일은 중요한 과제다. 그리고 여전히 많은 시민이 생협의 문턱이 높다고 생각하고 있다. 그런데 왜 꼭 청년만 가입비를 면제해 주어야 하는가? 공동육아협동조합이나 노동자협동조합의 경우처럼 기본 의무출자금이 높은 경우 분할 납부하는 방식을 택할 수 있다. 그러나 생협의 경우는 가입비가 배제 요인은 아니다. 오히려 한두 번의 이용이 아닌 지속적인 이용이 어렵기 때문이다. 그렇다면 돈이 아닌 다른 방법을 고려할 수 있다.

첫 번째 방법은 기금 조성을 통해 바우처제도를 마련하는 것이다. 조합원의 자발적인 기부를 통해 기금을 조성할 수도 있고, 조합의 잉여를 사회적 목적에 사용한다는 원칙에 따라 잉여의 일부를 활용하여 기금을 조성하여 바우처제도를 마련하는 방안이다. 이를 통해 시중의 제품보다 다소 높은 가격의 물품의 경우 그만큼 할인해 주고 그 비용을 기금으로 충당하는 것이다.

두 번째 고려할 수 있는 방법은 형편이 어려운 조합원에게는 돈 대신 노동을 제공할 수 있는 노동지불권을 발행하는 것이다. 어차피 매장에서는 계산, 입고 및 소분, 진열, 청소 등 다양한 노동이 필요하므로 일한 만큼 시급을 적용하여 지불 쿠폰을 발급할 수 있다. 이 방안은 스티그마(낙인) 효과 없이 자기 책임을 다하며 이용할 수 있는 좋은 방법이다.

협동조합은 자선이나 시혜가 아닌 상호부조와 협동의 관점으로 문제를 해결하는 조직이다. 그러므로 가난한 사람에게 적선하듯 출자금을 면제해 주는 방법은 협동조합답지 않다. 오히려 조합원 간의 협동을 조직하여 상호부조하고, 돈보다 사람과 노동이 우선한다는 관점을 가져서 문제를 해결하는 방법을 찾아야 한다. 이를 통해 협동조합 안에서 조합원 간 주고받는 관계를 만들고, 커다란 협동 체계를 구축한다면 지역사회에 필요한 일을 더 많이 할 수 있을 것이다.

2장

무너진 원칙을
다시 세우자

협동조합은 자(資)가 본(本)이 되는 자본 기업이 아니다. 민(民)이 본(本)이 되는 민본 기업이다. 그래서 협동조합을 '사람들의 결사체'라고 정의했다. 이러한 측면에서 협동조합은 국민이 나라의 주인이고, 모든 권력은 국민으로부터 나오는 민주공화국의 이념과 맥을 같이 한다. 하지만 세상은 자본주의가 주류라서 협동조합으로 기업 하기 쉽지 않다. 이런 까닭에 협동조합의 선구자들은 적대적인 환경에서 어떤 힘으로 협동조합이 발전할 수 있을지 끊임없이 연구하고 실험하며 협동조합운동을 구축해 왔다. 300년 협동조합의 역사가 그것을 증명하고 있다.

하지만 한국의 협동조합운동은 협동조합기본법 제정 후 본

격화되었다고 할 수 있으므로 이제 만 열 살 수준의 어린이다. 모태신앙처럼 300년 역사가 축적한 경험이 프로그램으로 깔려서 태어났으면 좋으련만 그렇지 못한 까닭에 새로 배우고 익혀서 제 갈 길을 찾아야 한다. 이런 의미에서 ICA의 정체성은 협동조합 어린이가 공부해야 할 교과서라고 할 수 있다. 하지만 그것을 가르쳐 줄 학교도 없고, 선생님도 별로 없으니 독학하다시피 해야 한다. 그러니 협동조합의 역사가 학교이고, 협동조합의 선구자들과 앞선 세대의 협동조합인들이 선생님이라 여기며 배우고 익히고 경험하여 자신의 협동조합운동을 만들어가야 할 것이다.

그래서 협동조합운동가 마르셀 모스는 협동조합의 첫 번째 가치를 '교육'으로 두었다. 왜냐하면 경영이나 법적인 지위로만 협동조합을 판단할 수 없고, 살아 있는 구체적인 사람들의 '정신 상태'에 달려 있기 때문이다. 그러니 어떤 협동조합을 할 것인가는 교육에 달려 있다고 할 수 있다. 앞서 보았듯 교육의 발전과 진흥은 ICA의 원칙에서 처음부터 마지막까지 빠지지 않았다. 레이들로 박사도 『서기 2000년의 협동조합』의 4장 '협동조합의 문제점과 취약점'에서 세 번째로 '교육의 경시'를 들었다. 특히 이 부분에서 "사람은 누구나 자기가 알지 못하는 것은 소유하려 하지 않는다"(p. 95)는 소설가 괴테(Goethe)의 말을 인용하며, 조합원이 주인 노릇을 제대로 하려면 교육이 필수적이고, 그 역할을 이사회가 맡아야 한다고 조언했다.

그러므로 앞서 언급한 위기의 신호를 알아차리고 바른 관점을 정립하기 위해 이사회를 필두로 집행 책임을 맡은 직원들과 조합원들까지 협동조합의 정체성을 제대로 학습하고 깊이 이해하여 적용할 수 있는 프로그램을 진행해야 할 것이다. 하지만 그 교육의 방식이 고루하고 지루하게 진행된다면 효과가 떨어질 것이다. 그래서 마지막 장에서는 확실히 이해하고, 분명하게 자각하여 새로운 역동성을 발휘하기 위해 밟아야 할 과정을 제안하고자 한다. 이 과정을 '생각의 협동'이라 할 수 있다. 이제 생각의 협동을 위하여 함께 가져야 할 관점과 합의해야 할 기준, 그리고 그를 통해 새롭게 설계해야 할 협동의 구조에 대해 알아보기로 하자.

조합원이 주인이 될 수 있도록 설계하려면

출자가 주인을 만든다는 착각

사람들의 결사체로서 협동조합은 조합원이 어떻게 주인 노릇을 하고, 어떻게 서로 협동 관계로 결속하느냐에 따라 성공과 실패가 판가름 난다. 그런데 우리는 조합원이 주인이라고 하면서 그 주인이라는 존재가 어떤 메커니즘을 통해 주인 노릇을 하는지 깊이 연구해 봤던가? 그리고 그 연구에 기초하여 주인 노릇을 할 수 있는 계획을 수립하고 적합한 구조를 짰던가? 그렇지 않다. 주인이라는 지위만 부여했지, 구체적으로 어떻게 작동하는 존재인지 면밀히 설계하지 않았다.

지인들에게 대략 설명해 주고 가입을 권유했으며, 가입 후에는 신입 조합원 환영회를 열어 조합에 대해 안내하는 정도가 최선이다. 하지만 이 또한 의무가 아니어서 제대로 된 안내를 받지 않고 출자금 내고 가입하는 조합원이 대부분이다. 한마디로 협동조합에 대해서 잘 모르고, 특히 자신이 가입하는 협동조합이 어떤 방식으로 운영되고, 자신은 어떤 책임과 의무와 권한을 가지는지 잘 알지 못한 채, 가입하면 누릴 수 있는 혜택 정도만 듣고 가입하는 수준이다. 특히 요즘은 인터넷으로 가입할 수 있어서 이 모든 과정이 생략되기도 한다. 이러다 보니 조합 사업을 이용하지도 않는 이들, 운영에 참여하지 않는 이들, 주인 노릇을 손님이 종업원 대하는 것이라 여기는 이들, 사업이 잘되는지 안되는지 무관심하고, 알아도 나 몰라라 하는 이들이 조합원의 모습이 되었다. 이렇게 되면 위기를 부르는 세 가지 현상이 발생한다.

첫째, 다수의 무관심으로 임직원을 비롯한 소수가 감당해야 할 일이 많아져 에너지가 소진된다. 그러면 다음 이사회나 대의원 구성, 또는 직원 구하기가 어려워 항상 인력 부족에 시달리게 된다.

둘째, 누구는 이용하고 참여하는데 누구는 이용도 하지 않고 참여하지도 않으면서 모두가 똑같은 혜택을 누리면 조합원 간 갈등이 생기고 결속력이 깨진다. 즉, 아무것도 하지 않아도 누릴 것은 다 누리는 '무임승차자'가 많아지면 '굳이 내가 왜?' 하는 불만이 생긴다. 그래서 적극적인 사람들이 소극적인 사람들을 탓하고 원망하여 조합원들 간 갈등이 생긴다.

셋째, 적극적으로 참여하고 충실한 조합원들이 모범이 되어 소극적인 사람들이 따라가면 좋겠지만 현실은 그렇지 않다. 오히려 적극적이었던 사람 중 일부가 불만을 품게 되어 자신도 소극적으로 변하며 전체적으로 하향 평준화되는 경향을 보인다. 설립 초기에는 활성화되다가 동력이 떨어지는 경우가 바로 이 때문이다.

이 세 가지 현상은 그 자체로 위기를 부르는 신호이다. 하지만 보다 근본적으로는 공평성, 공정성의 관점에서 문제를 보아야 할 것이다. 즉, 왜 누구는 참여하고 기여하며 누구는 하지 않아도 되는지, 왜 하는 사람과 안 하는 사람이 똑같은 대우를 받는지 하는 문제이다. 이것을 평등이라고 한다면 그것은 평등의 의미를 잘못 이해한 것이다. 자신의 책임과 의무를 다하지 않으면서 똑같은 것을 누리는 것은 평등이 아니라 특혜이고 차별이다. 조합원들 사이에서 이런 감정이 생기고 이러한 문화가 퍼지면 협동의 힘은 약해질 수밖에 없다.

가입의 조건과 주인 노릇의 조건은 다르다

물론 조합원이라 할지라도 다 처지와 조건이 다르고 성별, 나이, 종교, 이념, 학벌 등에 따라 성향과 기호가 다르다. 그러하기에 공통의 필요와 열망을 조직하는 과정이 중요하다. 그런데 출자했다고 주인이라 여긴다면 그 얼마나 기계적이고 허황된 사고인가? 출자가 곧 주인을 보장한다면 돈이 주인을 만드는

136

것과 마찬가지다. 가입서 작성과 출자는 가입의 조건이지 주인
노릇의 조건은 아니다.

하지만 괴테 선생의 말처럼 잘 알지 못하면 소유하려 하지
않기에 주인 노릇을 할 수 없다. 우리는 종종 언론을 통해 대
기업의 회장이나 대주주 등 총수나 그 가문(재벌가)의 자녀들
이 일으킨 사건을 본다. 그때 나오는 용어가 '오너 리스크(owner
risk)'다. 오너들이 사고를 쳐서 기업의 이미지가 훼손되어 경영
에 지장을 주는 위험을 뜻한다. 그런데 협동조합에도 '오너십
리스크(ownership risk)'가 있다. 공동으로 소유되는 협동조합에
는 조합원들이 자본과 운영을 민주적으로 통제하며 주인 노릇
을 해야 하는데, 다수의 조합원들이 무관심하거나 무임승차자
가 되면 주인 없는 조직이 된다.

그 경우 한편으로는 집행책임자와 임금노동자인 실무자들
이 핵심 운영 주체가 되어, 조합원이 통제하는 정책 파트는 사
라지고 사업 파트만 남게 된다(수직적 균열 상태). 다른 한편으로
는 집행책임자와 이사장을 비롯한 이사회는 작동하는데 기층
조합원 단위가 작동하지 않으므로 리더들과 일반 조합원들 간
의 균열이 생긴다(수평적 균열 상태). 그러니 오너십 리스크는 결
국 결사체로서의 정체성을 상실하고 사업체로만 남게 되거나
개방적이고 투명한 운영을 상실한 소수의 음모적인 조직으로

데로쉬의 협동조합의 사변형

데로쉬는 1976년에 발간한 『협동조합 프로젝트』*에서 협동조합의 지배구조를 표현하고 분석하기 위한 도구를 제시했다. 협동조합은 내부에 4개의 이해당사자 집단(4주체)이 있는데, 그들 간의 균형 관계에 어떤 균열이 생기느냐에 따라 협동 조합이 직면하게 될 구조적인 위험을 묘사하고 있다.

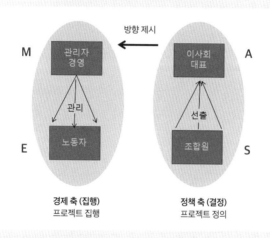

1. 협동조합의 두 축과 상호의존성

협동조합 내부의 이해당사자는 협동조합 프로젝트의 시초인 조합원, 프로젝트에 맞게 방향성을 수립하는 선출직(이사), 프로젝트의 집행을 위하여 선출직에 의해 지명되어 임금노동자에게 집행 방향을 제시하는 관리직, 프로젝트 집행을 맡은 관리직에 종속되는 임금노동자이다.

이 네 이해당사자들에 의하여 협동조합은 크게 정책 축과 경제 축으로 이루어지며, 정책 축은 의사결정을, 경제 축은 집행을 맡으며 상호 작용한다.

2. 협동조합 4주체 간의 갈등

| 균형 상태 | 수직적 균열 상태: 경제 축과 정책 축의 분열 | 수평적 균열 상태: 대표이사/상임이사 동맹으로 조직 방향 및 사업 통제 |

M: 관리자 **A**: 이사회 **E**: 임금노동자 **S**: 조합원

데로쉬는 이 4주체 간의 균형 관계가 깨지는 것을 '협동조합 사변형의 병리학'이라 부르며, 이는 크게 두 가지 양상으로 나타난다. 첫째는 경제 축과 정책 축 사이에 일어나는 '수직적 균열 상태'로, 무관심하고 소극적인 조합원과 형식적인 회의 구조만 남은 이사회로 인해 집행 축 중심으로 사업만 남은 협동조합의 경우이다. 두 번째는 조합원과의 소통에 소극적이고 책무를 다하지 않는 이사회와 조합원 간, 관리자와 실무를 맡은 임금노동자 간에 괴리가 생겨 조합원에 의한 통제가 실현되지 않는 '수평적인 균열 상태'이다. 이는 리더십의 위기를 뜻하며, 중장기적으로는 조합원의 충성도 약화와 이탈로 이어진다.

* Henri Desroche, Le Projet coopératif. Son utopie et sa pratique, Ses appareils et ses réseaux. Ses espérances et ses déconvenues, Éditions Ouvrières, 1976.

전락하는 경로가 기다리고 있을 뿐이다.

따라서 조합원이 주인 노릇을 하는 것은 협동조합으로서의 정체성을 지키는 길이자 지속가능한 협동조합이 되기 위한 전제라고 인식해야 할 것이다. 그렇다면 가입 때 출자금을 납입하는 것이 곧 주인이 되는 과정이라는 착각에서 벗어나고, 가입의 조건을 곧 주인이 되는 조건으로 혼동하지 말아야 한다. 이 두 과정을 분리해야 조합원의 주인 노릇을 한다는 것이 어떤 의미이고 무엇을 해야 하는지 생각할 수 있게 된다.

주인으로서 조합원의 역할

이제 출자를 통해 가입이라는 관문을 넘고 나서 주인 노릇을 해야 한다는 인식이 갖추어졌을 것이다. 그렇다면 우선 조합원이 어떤 존재이고, 조합원이 주인 노릇을 한다고 했을 때 그 기준이 무엇인지 알아볼 차례다. 이와 관련해서 협동조합의 원칙에 비추어 본다면, 특히 2원칙과 3원칙에서 구체적인 역할을 제시하고 있다.

첫째, 협동조합의 정책 수립과 의사결정에 적극적으로 참여한다. 이와 관련해서 조합원은 교육과 훈련에 참여하여 자신의 협동조합에 대해 이해하고, 조합의 정책 수립을 위한 토론 및 의견 수렴에 참여하며, 마지막으로는 총회를 비롯하여 의사결정을 위한 다양한 장에 참여한다.

둘째, 협동조합의 자본에 공정하게 기여하고 민주적으로 통제한다. 이와 관련해서 조합원은 가입할 때 출자금을 납입하고, 증자를 통해 조합의 자본 조달에 기여하며, 조합과의 거래(이용)를 통해 사업 성과를 내는 데 기여하고, 사업의 결과 남은 잉여를 어떻게 처분할지 결정함으로써 조합의 자본을 통제한다.

이렇게 보면 조합원이 해야 할 역할이 무척 많은 듯 보인다. 하지만 이 모든 역할은 남 주기 위해서 하는 것이 아니다. 바로 조합원 자신이 누릴 수 있는 혜택으로 돌아온다. 남을 위해서 해야 한다면 희생이고 봉사라고 하겠지만 자신이 누릴 것이기 때문에 적극적으로 참여하고 기여한 만큼 자신이 그 성과를 가져갈 것이다.

주인 노릇의 기준

이제 어떻게 조합원들이 앞에 제시된 역할을 하도록 할 것인가 하는 과제를 단계별로 풀어 보자.

첫 번째 단계로, 조합원들은 협동조합의 기본 운영 원리를 알아야 한다. 이는 특히 가입 시 반드시 안내되어야 하고, 가입을 위해 신청서를 작성하고 출자하기 전 확인해야 한다. 그 이후에는 신입 조합원 교육을 통해 구체적인 안내가 이루어져야 한다. 이러한 과정을 통해 위에 제시된 주인으로서의 역할이 무엇인지 인식하게 될 것이다. 물론 인식하더라도 실행에 옮기거나 옮기지 않을 수도 있다. 하지만 먼저 인식해야 최소한 자신이 그런 존재라는 것을 알고, 남 탓을 하거나 누가 해 주기를 바라는 의존적인 태도에 대해 스스로 성찰할 수 있을 것이다.[31]

두 번째 단계는 그 역할을 어떻게 수행할 것인가 하는 것을 스스로 참여하여 내용과 방식을 수립하는 과정이다. 이것은 조합원들이 '무엇을 협동할 것인가?', '어떻게 협동할 것인가?' 하는 두 가지 질문을

---

31 이와 관련하여 다양한 조합원 제도 사례를 참고하면 도움이 될 것이다. 예컨대 지역의 ○○로컬푸드협동조합의 경우, 조합원의 결합 정도에 따라 법정조합원과 이용조합원으로 구분하여 운영한다. 그래서 출자하고, 매장을 이용하고, 여러 소모임에 참여하는 정도의 결합력을 가지는 조합원은 이용조합원이 되고, 협동조합의 원칙에 따라 주인 노릇을 하는 조합원은 법정조합원이 된다. 또는 일정기간 유예를 두는 예비조합원 제도도 고려할 수 있다. 조합원 제도 운용에 대해서는 『지속가능한 로컬푸드협동조합 만들기』, 43쪽을 참고하기 바란다. https://socialenterprise.or.kr/social/board/list.do?m_cd=D024&board_code=BO04&category_id=CA01&com_certifi_num=&selectyear=&magazine=&search_word=&search_type=&mode=list&category_sub_id=SC05

가지고 토론하고 숙의하며 방법을 찾아가야 한다. 주인 노릇을 하는 방법은 선출직 이사회가 제안할 수 있지만 그것은 길잡이의 역할이지 지도의 역할은 아니다. 자신이 할 수 있고 하고 싶고 해야 하는 것에 대해 자신의 의견을 표현하고, 남의 의견을 듣고, 함께 토론하고 의논하면서 합의할 수 있는 지점을 찾아야 한다. 예컨대 증자가 필요하면 이사회가 기본 방향을 설정하되 누가 어떤 방식으로 증자를 독려하고, 어떤 방식으로 자본에 기여할지 조합원에게 물어 방법을 찾는 과정이다.

　마지막 세 번째 단계는 첫 번째와 두 번째 단계를 거치며 최종적으로는 **의사결정에 참여해야 한다.** 아무리 많이 고민하고 많은 생각을 해서 의견을 내더라도 의사결정에 참여하지 않으면 책임을 진다고 할 수 없다. 왜냐하면 의사결정에 참여한다는 것은 내 의견을 주장하되 내 의견이 소수이거나 채택되지 않을 때 기꺼이 다수의 의견을 따르겠다는 약속을 하는 것이기 때문이다. 그러니 의사결정을 하지 않는다는 것은 그 약속을 회피하는 것이다. 실제로, 의사결정에 참여하지 않았는데 결과를 보니 자신의 생각과 다른 의견이 채택되는 경우에 "왜 그런 결정을 내렸느냐"며 불만을 터뜨리거나 아니면 "내가 한 결정이 아니니 따르지 않겠다"는 조합원을 볼 수 있다. 약속하지 않았으니 따르지 않아도 된다고 판단하는 것이다.

그런데 대부분의 경우 뭐가 어떻게 돌아가는지 상황을 모르고, 그러니 뭐가 옳은지 그른지, 어떤 것이 좋은지 나쁜지 판단이 서지 않아서 의사결정에 참여하지 않는다. 이 경우 결과를 따르는 쪽도 있고 아닌 쪽도 있다. 어느 쪽이든 잘 모르는 상황에서 결정된 사안을 기꺼이 따르겠다고 마음 먹고 충실히 이행하기란 어렵다. 그러므로 조합원 개인에게 돌아갈 이익과 관련된 사안 외 조합 전체의 운영이나 예산 사용 등 정책적인 사안에 대해서도 충실히 안내하고 의사결정을 할 수 있는 소통 체계를 갖추어 외면하거나 회피할 여지를 만들지 않는 것이 우선이다.

　물론 협동조합의 민주주의를 다수결의 원칙을 무조건 수용한다는 협소한 의미로 받아들여서는 안 될 것이다. 소수의 의견이 전적으로 배제되지 않도록 최대한 반영하여 결정하고, 결정 후 이의를 제기할 수 있는 기회를 제공하고, 결정 후 집행을 통해 채택된 안의 타당성과 실효성을 평가하여 다수의 결정이라도 문제가 있었다면 함께 성찰하는 계기를 만드는 것이 좋다. 그래야 수적 우위로 문제를 해결하겠다는 힘의 논리가 아니라 생각의 협동이 중요하다는 인식을 가지게 될 것이다.

　정리하면, 조합원으로서 주인 노릇을 한다는 것은 협동조합의 기본 운영 원리에 기초하여 조합원의 역할을 알고 가입한다는 것이다. 가입 후 초기에는 상세한 안내와 교육을 통해 주인으로서 조합원의 역할을 인식한다. 이후 각종 보고 및 의견수렴의 공간을 통해 자신의 의견을 말하고 다른 이들의 의견을 들으며 주인 노릇을 잘 하기 위한 방안을 합의한다. 그리고 중요한 정책을 결정할 때는 의사결정에 참여하고, 그 결과에 대한 호불호를 따지지 않고 수용하고 따른다. 수용이 어려울 경우 공식적으로 이의를 제기할 수 있는 장을 마련하고, 집행 과정의 모니터링과 결과를 공유하여 함께 평가한다.

가입은 협동조합이라는 집의 문턱을 넘은 것일 뿐 집안의 살림살이에 참여해야 진정 주인이라 할 수 있다. 협동조합의 정의에서 '자발적으로 결속한 사람들의 자율적인 결사체'의 의미는 이런 과정을 통해 실현된다. 따라서 이러한 단계를 거치며 조합원이 주인이 될 수 있도록 설계하는 일을 협동조합 설립의 핵심 과제로 삼아야 할 것이다. 그러할 때 임자 없는 무주공산이 되거나 모두가 자기 의견만 앞세워 배가 산으로 가는 협동조합이 되지 않을 것이다.

'노동의 협동'을 설계할 때 고려해야 할 것들

참여민주주의의 과제를 실현하기 위한 '노동의 협동'

협동조합은 무엇을 협동할까? 앞서 3원칙에서 보았듯이 출자금 납입을 통해 운영 자본을 조성하고, 이윤의 일부를 적립하거나 잉여의 일부를 적립하여 공동재산을 만든다. 그러니 우선 자본을 협동하고 있다. 그러면 2원칙인 민주적인 통제를 하기 위해서는 무엇을 협동해야 할까? 이를 위해서는 만나서 얘기하고 토론하고 결정하기 위해 생각을 협동해야 한다.

그런데 이러한 협동의 구조가 제대로 설계되지 않은 탓에 다수는 무관심하고 소수가 희생하는 조직 문화가 만들어졌다. 상황이 이러하다 보니 임금노동에 더욱 의존하게 되고, 조합원들의 소극적인 이용 및 부족한 자본 기여로 인하여 비용은 증가하나 수익은 감소하여 지속불가능한 협동조합이 늘어나는 추세. 이러한 '탈협동화' 현상은 비단 한국뿐 아니라 전 세계적인 추세이기도 하지만 다른 한편에서는 새로운 협동조합운동이 일어나기도 했다. 대표적으로는 이탈리아에서 시작된 사회적협동조합이 있고, 미국에서 시작되어 프랑스에서 꽃핀 '참여

협동조합(participative cooperative)'운동이 있다.

사회적협동조합은 지역사회에 공익성을 가지지만 수익이 발생하기 어려운 보건/사회/교육 서비스 제공과 사회적 불이익 계층(socially disadvantaged)의 노동 통합을 지원하는 영역에서 시작되었다. 이러한 영역은 수익성 문제도 있고 많은 노동력이 필요한 까닭에 사회적협동조합은 초기부터 많은 자원봉사자의 참여로 운영되었다. 그리하여 임금노동자와 이용자 이외에 자원봉사자 조합원이라는 새로운 유형의 조합원이 탄생하였다.

1부 2장에서 다룬 참여협동조합은 로치데일의 공정개척자들과 같은 19세기 소비자협동조합의 전통을 계승하여 소비자 조합원들이 직접 참여하여 운영하는 모델이다. 이 모델은 이탈리아 사회적협동조합에서 자원봉사자 조합원을 둔 모델에서 훨씬 진화하여 전 조합원이 소비자인 동시에 자원봉사자가 되어 무상으로 노동을 제공하는, 실제적인 참여 경영을 이룬 사례이다. 두 모델 모두 자본 중심 기업과는 다른 '생존 전략'의 필요성에서 제기되었다. 그래서 자본의존성을 줄이기 위한 노동의 조직, 조합원 노동을 통한 편익 증가, 서로 돌봄의 조합원 관계를 형성하며 지속가능한 협동조합 모델로 주목받고

있다.[32]

　최근 한국에서도 이러한 사례에 영향을 받아 제한적이나마 조합원 노동을 조직하는 '노동의 협동'을 시행하는 협동조합이 조금씩 확산되고 있고, 그 효과 또한 아주 긍정적으로 여겨진다.[33] 대표적으로는 서울의 은평구에 소재한 살림의료복지사회적협동조합의 경우 2017년부터 대의원의 '노동의 협동'을 결의했고, 일반 조합원의 참여도 활발하여 운동센터와 돌봄까페 등은 조합원의 노동의 협동으로 운영되고 있다. 이 외에도 정기적인 대청소, 돌봄 서비스 지원 등 사업소의 운영뿐 아니라 조합의 다양한 행사 등 조합 운영 전체가 임금노동에 더하여 무상의 노동인 '노동의 협동'을 통해 이루어지고 있다. 또 다른 예로 앞서 '에피소드 5'에서 소개한 E협동조합의 경우 재정난을 타개하기 위한 주요한 대책으로 조합원의 무상노동을 조직하여 매장을 운영하면서 어려움을 극복하는 중이다.

32　참여협동조합 라루브가 설립된 이후 프랑스의 다른 지역에서도 같은 모델의 협동조합들이 설립되어 운영 중이며, 벨기에를 비롯한 이웃 나라로 확산되고 있다. 라루브는 많은 프랑스 언론의 주목을 받으며 인터뷰 기사와 취재 기사가 실렸다. 구글이나 유튜브 채널을 통해 확인할 수 있다.

33　이와 관련한 자세한 내용은 2022년에 '기후위기, 팬데믹 위기 : 협동조합은 어떤 선택을 할 것인가?'를 주제로 개최된 협동컨퍼런스의 자료집을 참고하기 바란다.

왜 '노동의 협동'이 필요한가?

앞서 본 라루브의 사례에서 "라루브 민주주의의 99%는 일하면서 이루어진다"는 경험을 통해 알 수 있듯이 조합원 노동의 협동은 단순히 실무를 나누어서 한다거나 노동 비용을 줄인다는 제한적인 의미로 접근해서는 안 된다. '노동의 협동'은 2원칙과 3원칙을 실현하여 주인 노릇하는 조합원들의 협동을 통해 지속가능한 협동조합을 만든다는 관점에서 사고해야 할 것이다. 그러면 노동의 협동이 어떻게 이런 효과를 거둘 수 있을지 사례를 통해 살펴보도록 하자.

우선 참여협동조합 모델을 시작한 미국의 파크슬로프푸드쿱은 '땀의 공정함'이라는 가치를 두고 있고, 라루브는 '마을에 비자본주의 수퍼마켓을 만들겠다'는 목적을 가지고 설립되었다. 모든 조합원이 4주에 3시간 자원봉사를 해야 가입할 수 있도록 하여 운영함으로써 이 협동조합들이 거둔 효과는 크게 네 가지로 정리할 수 있다.

① 경제적 효과 : 운영비 절감, 매출 증가, 회전율 상승(타 매장에 비해 5~6배)으로 가격 인하 → 문턱 낮은 협동조합으로 조합원 추가 유입

② 조합원 편익 증가 : 아이 돌봄, 야간 여성 동반, 1인 가구

식생활 개선 등 서로 돌봄의 관계 형성

③ 생태적 효과 : 차량 이용 감소와 대중교통 이용 증가

④ 지역사회 공동체 활성화 : 팀별 협동노동을 통한 관계 형
성과 결속력 강화, 마을 공동행사 추진 및 시민의식 함양

두 번째 사례는 2012년에 설립된 살림의료복지사회적협동
조합이다. 초기부터 조합원 자원봉사 활동 '좋아랑'을 조직하
여 운영하다가 2017년부터 대의원총회를 통해 모든 대의원들
이 노동의 협동에 참여하기로 결정한 바 있다. 살림협동조합의
'노동의 협동'의 효과는 다음과 같다.

① 자본의 협동(출자 캠페인) : 50명의 좋아랑 조직으로 통합
이전을 위한 증자 목표 금액 달성, 2021년 우리 건물 갖기
출자 캠페인 목표액 초과 달성

② 생각의 협동(살림 10원칙 올림픽): 대의원들의 노동의 협동
으로 조합원들의 정책 수립 참여

③ 실무 인력 지원 : 사업소 청소, 유인물 접기, 돌봄사업소
인력 지원 등

④ 지역사회 기여 : 지역 에너지협동조합 청소, 지역 공동 행
사 추진 등

어떻게 '노동의 협동'을 설계해야 할까?

그동안 '노동의 협동'의 필요성과 효과에 대한 강의를 하면서 정말 많은 임직원들과 활동가들의 뜨거운 반응을 확인했다. 하지만 동시에 "엄두가 나지 않는다", "어디서부터 어떻게 시작해야 할지 모르겠다" 등 회의적인 반응이 다수였다. 결론은 "좋은데 사람들이 안 할 것 같다"는 거였다. 반면, 비교적 연령대가 낮은 청년들과 함께 이야기하거나 그들을 대상으로 강의를 할 때 제안을 하면 대부분 자신은 "그런 협동조합이 있다면 가입하고 참여할 의사가 있다"며 적극적인 의사를 밝혔다.

'노동의 협동' 이외에 조합원들의 참여로 사업성도 보장되고 민주적 운영도 실현할 수 있는 다른 방안이 있다면 검토하지 않아도 될 것이다. 그런데 달리 뾰족한 수가 없으면서도 "사람들이 안 할 것 같으니까"를 이유로 든다면 결국 자신이 확신이 서지 않은 것 때문이 아닐까? 이런 의미에서 그동안 실제 경험 사례를 조사하고 분석하여 얻은 결론이 한 발짝 내딛는 데 도움이 될 것이라 생각한다. '노동의 협동'에 대해 가져야 할 관점과 그것을 시행하고자 할 때 고려해야 할 요소와 재조직화를 위한 과정을 소개한다.

기본 관점

① 노동의 협동은 조합원이 주인 노릇하기 위해 필요한 과정이다. → 조합원에 의한 민주적 통제 & 조합원의 경제적 참여를 통한 자치

② 노동의 협동을 통해 조합원은 서로 돌보고 결속하는 관계를 만든다. → 타인에 대한 보살핌(care for others)

③ 조합원 노동의 결과로 발생하는 혜택은 조합원이 누린다. → 상호적 이익(mutual benefit)

원칙

① 형평성 : 모든 조합원이 공평하게 참여해야 한다.

② 자율성 : 조합원이 원하는 형태, 일시를 선택할 수 있어야 한다.

③ 편이성 : 누구나 쉽고 간단하게 익힐 수 있는 일이어야 한다.

④ 정기성(안정성) : 일정한 주기로 동일한 일을 정기적으로 함으로써 숙련될 수 있어야 한다.

⑤ 집합성 : 소그룹 단위(team)로 구성하여 서로 관계 맺고 협동하여 일하는 문화를 만든다.

노동의 범주

① 조합 사업에 필요한 지원 노동

② 조합원 서비스 향상 및 서로 돌봄

③ 협동조합과의 협동을 위한 활동

④ 지역사회를 고려하여 기여하는 활동

주의할 사항

① 전문성을 요하는 일은 이사회, (특별)위원회 등의 활동으로 구분한다.

② 사업소 지원, 직원 노동 지원 등의 업무를 할 때는 직원의 권한을 침해하지 않아야 한다. : 조합원이 주인이라고 갑질을 하는 경우 등

③ 규칙을 지키지 않을 때를 대비한 대책이 마련되어야 한다. : 사전 변경 요청, 의무를 하지 않았을 때 대체할 방식, 빈번한 의무 불이행의 경우 제재 등

이행을 위한 준비

① 조합원 제도 활용 : 정조합원, 준조합원, 예비조합원 등으로 구분

② 노동배당, 노동구좌 등을 통한 인센티브 제공

③ 레츠, 타임뱅크, 보완통화 등 활용 : 조합원 서로 돌봄 노동, 협동조합 간의 협동 및 지역사회 기여 노동 등

조직 재구조화

① 조합원 제도의 변경

② 직원의 임금노동과 조합원의 자원노동의 구분

③ 자본과 노동의 호환체계 구축

④ 연 단위 시행 후 수정/변경

마치며

지속가능한 사회를 위한
지속가능한 협동조합운동을 위하여

협동조합이 적대적 환경에서 살아남을 수 있었던 비결

생명이 산다는 건 참 어렵다. 사람들은 아름답게 그리려고 '새
가 노래한다', '나비가 춤춘다'고 하지만, 나비는 꿀을 찾아 노동
을 하는 것이다. 그러나 사람들은 춤추는 것처럼 인생을 보려
고 한다. 그러나 그것은 진실이 아니다.[34]

— 박경리

보통 협동조합을 확산하고 협동조합운동을 발전시키고자
하는 사람들은 협동조합의 가치를 내세운다. 모두가 주인이 되
어 민주적으로 운영되는 기업, 공정하게 이익을 나누는 기업,
지역사회의 지속가능한 발전에 기여하는 기업 등. 이러한 가치

---

34 출처 :『토지』완간 10주년 특별 대담 '작가 박경리' 2부. https://youtu.be/
LVgwpV8uJ7Q?si=4ZEBtd1V7OHQfcUE

는 참 아름답게 보일 수 있지만 그것을 실현하는 과정에는 무수한 어려움이 놓여 있다. 돈이 부족해서 혹은 장사가 잘 안 되기 때문에 어렵다는 뜻만이 아니다. 돈이 아닌 사람의 힘을 믿어야 하고, 경쟁해서 더 잘나고 싶은 욕심을 버려야 하고, 서로 이해와 생각이 다른 사람들의 협동을 조직해야 하고, 대세를 따르지 않고 생존할 수 있어야 한다. 말은 쉽지만 실천은 장담할 수 없는 불안한 길을 걸어야 한다. 그러니 어쩌면 협동조합의 진실은 아름답게 보이는 그 가치에 있지 않고, 꿀을 찾아 노동하는 나비처럼 '협동조합답게 생존'하기 위해 겪어야 하는 어려움 그 자체에 있는지도 모르겠다. 왜냐하면 협동조합은 제대로 이해받지 못하고, 지지받지 못하고, 도움받을 데도 별로 없는 적대적인 환경에서 살아남아야 하기 때문이다.

협동조합의 원칙은 이 어려움을 극복하기 위해 선구자들과 그들을 따랐던 협동조합인들이 지금의 협동조합인들에게 준 선물이다. 뜻과 이상만 가지고 덤벼들었다가 막막한 현실에 부딪혀 좌절하지 말라고 남긴 유산이다. 그런데 현재 많은 협동조합이 그 선물의 포장을 뜯어 보지도 않고 한쪽 구석에 처박아 두거나 자기 마음에 안 든다고 버리기도 한다. 또는 앞선 세대의 유산을 유물로 취급하여 고이 모셔 두기만 하고 실생활에는 활용하지 않고 있다.

어떤 원칙이 있는지, 왜 그러한 원칙이 마련되었는지, 그것은 어떻게 적용해야 하는지 생각해 보아야 한다. 그리고 문제가 생겼을 때는 그 원칙에 비추어 검토하고 해결의 방향을 찾을 수 있어야 한다. 잘될 것이라고 믿었으니까 시작했겠지만, 막상 시작하고 나서 보면 뜻대로 되지 않는다. 그때 왜 안 되는지 고민하고 의논하면서 원칙에 비추어 점검하고 진단하는 조직이 과연 얼마나 될까?

예컨대 적자가 발생한다면, 제1원칙에 비추어 '서비스를 이용할 수 있는' 사람들을 조합원으로 가입시켰는지, 제3원칙에 비추어 잉여가 발생했을 때 이용 정도에 따라 분배를 해야 하는데 잉여가 발생하지 않았음에도 포인트제도를 통해 혜택을 주는 것이 타당한가 점검해 보아야 한다. 조합원들이 적극적으로 정책 수립에 참여하지 않는다면, 2원칙에 비추어 선출된 대표자들인 이사회가 조합원들에게 충실히 보고하고 있는지, 그 보고가 안정적으로 이루어지고 피드백을 받을 수 있도록 소통 체계가 마련되어 있는지 점검해 보아야 한다. 문제가 발생할 때는 항상 원칙으로 돌아가 원칙에 비추어 해결의 방향을 잡아야 한다.

그런데 필자가 관찰한 바로는 어려움을 겪는 협동조합의 주체들이 이러한 관점을 놓치고 있었다. 원칙에 비추지 않으니 문제의 근본 원인을 진단하지 못하고, 원칙에 근거하지 않으니 일반 기업에 적용되는 경영 방법이나 경영 컨설팅에 의지하곤 했다.

불법에서 '자등명 법등명(自燈明 法燈明)'이라고 했다. "다른 누구도 아닌 자신을 등불로 삼고 자신을 의지하며, 다른 어떤 것이 아닌 법을 등불로 삼고 법에 의지하라"는 뜻이다. 이 원칙이 분명히 할 때 수행의 길을 갈 수 있다고 한다. 이러한 이치는 협동조합에도 적용할 수 있을 것이다. 그래서 "다른 누구도 아닌 조합원을 등불로 삼고 조합원에 의지하며, 다른 어떤 것이 아닌 협동조합의 원칙을 등불로 삼고 원칙에 의지하라"는 실천의 관점이 정립될 수 있을 것이다. 이 관점으로 중심을 분명히 한다면 돈이냐 민주주의냐, 사업이냐 운동이냐 하는 문제로 갈등을 겪지 않을 수 있다.

이런 의미에서 길지 않은 역사를 가진 한국 협동조합운동은 다른 어떤 것보다 원칙을 중심에 두고 협동조합을 운영하는 풍토와 환경을 만드는 데 주력해야 할 것이다. 즉, 협동조합의 수를 늘리는 것이 아니라 지속가능한 협동조합을 만들기 위해 직면해야 할 문제가 무엇인지 인식하고 해결 방법을 찾는 공동의 행동을 조직하는 일이다. 협동조합이라서 어려운 점도 있겠지만 협동조합답지 않아서 도래하는 어려움이 분명히 있다. 전자는 우호적인 기반을 조성하기 위해 긴 호흡으로 가야 할 문제이며 협동조합 주체들만의 힘으로 해결하기 어렵다. 하지만 후자는 협동조합 주체들의 각성과 인식 개선으로 해결할 수 있는 문제이다. 그러므로 사는 마을과 지역 단위에서 만들어진 네트워크나 협의회 또는 지역과 중앙의 연합회 차원에서 원칙을 중심에 두고 조직하고 운영하는 협동조합의 흐름을 만들어 가길 바란다. 큰 목표를 설정할 것이 아니라 먼 길을 갈 수 있는 근력을 만드는 일이 더 중요하기 때문이다.

지속가능한 사회를 위한 협동조합운동

사람은 누구나 자유롭고 행복하게 살고 싶어 한다. 그 자유와 행복의 조건이 돈이 되는 경우가 많고, 그래서 어른이 되면 다들 어떻게 돈을 벌까 고민하고, 평생 돈 벌기 위해 아등바등 사느라 진짜 자유를 누리며 행복하게 사는 사람은 드물다. 그래서 협동조합을 만들면 먹고살기 위해 나 혼자 고생하지 않아도 될지 모른다는, 좀 더 사람다운 대접을 받으며 인간답게 살 수 있을 거라는 기대를 품고 시작하기도 한다. 이것은 삶의 필요이자 다르게 살아 보겠다는 열망이기도 하다.

협동조합이라는 조직은 이런 필요와 열망을 충족시키기 위해 만들어진 조직이다. 단, 조건이 있다. 그것이 충족되려면 내가 주인이 되어야 하고, 나와 같이 주인이 되는 사람들과 협동의 관계로 결속해야 한다. 자신의 밥벌이를 위해 설립했든 아니면 물건을 사거나 서비스를 이용하기 위해 가입을 했든 이 조건은 똑같이 적용된다. 단지 정도의 차이만 있을 뿐이다. 누가 나 대신 잘해 주기를 바라며 남에게 의지하지 않아야 자신의 기대가 현실이 된다, 이것은 300년 협동조합의 역사가 반증하고 있다. 내가 내 인생의 주인이 되어야 자유롭고 행복하게 살 수 있듯이 협동조합도 조합원이 주인이 되어야 지속가능하다. 그래서 우리는 함께 지속가능한 협동조합을 만들기 위해 어떻게 주인 노릇을 해야 하는지 알아보았다. 내가 새롭게 만든 방법이 아니고 협동조합운동이 만든 원칙을 해석하고 분석하여 새롭게 틀을 짠 것뿐이다.

그런데 우리가 함께 살펴본 협동조합의 돈과 민주주의의 문제는 우리 시대의 가장 중요한 사회문제와도 연결되어 있다. 코로나 팬데믹에 이어 하루가 다르게 심각해지는 기후위기는 농업과 먹거리 문제만이 아니라 일상의 안전까지 위협하고 있다. 이 와중에 일본의 핵오염수 방류로 인해 피해가 예상되고, 세계 도처에서 산불과 지진과 홍수로 피해를 입고 있는

데도 우크라이나-러시아 전쟁에 이어 중동까지 전쟁의 광기가 확산되고 있다. 반면, 시장은 투기자본이 설치고 각국의 불평등은 심화되고 있어 '20 대 80' 사회에서 '10 대 90' 사회가 되더니 급기야 '1 대 99' 사회로 양극화가 가속화되고 있다. 단지 사회 불평등뿐 아니라 세계 불평등도 심각해져 옥스팜(Oxfam)에 따르면 전 세계에서 가장 부자 30인이 가진 재산이 세계의 가장 가난한 인구 40억이 가진 재산과 맞먹는다고 한다. 불평등 연구의 전문가인 토마 피케티(Thomas Piketty) 또한 세계 불평등에 관한 보고서에서 "2022년 기준, 전 세계에서 가장 부자들 0.1%가 소유한 금융 및 부동산 재산이 80조 유로(한화 약 11경 원)에 이르며, 이는 세계국민총생산의 19%를 상회"하는 수치라고 한다.[35] 이런 지표는 하도 많이 들어서 이제 놀랍지도 않을 것이다.

그런데 최근에 본 한 연구 결과는 다소 충격적으로 다가왔다. 2019년에 조사된 결과에 따르면, 세계적으로 민주주의가 발전하기보다는 오히려 후퇴하고 있고, 민주주의 국가의 수

---

35 Alain Caillé(2023), Extrême droite et autoritarisme partout, pourquoi?, Le Bord de l'eau, p. 20~21.

(87개)에 비해 권위주의 국가의 수(92개)가 많다고 한다.[36] 인종주의, 독재, 극우파 등이 득세하게 되어 이제 민주주의마저 위태로운 상황이 되었다고 한다.

어느 모로 보나 먹고살기는 더 힘들어지고 생명 안전은 더 취약해지며, 사회적 갈등은 격화되고 종국에는 사회 붕괴가 올 수도 있다. 아니, 이미 붕괴되고 있을지도……. 현재 상황은 ICA가 설립될 때의 상황과 아주 유사하며, 레이들로 박사가 『서기 2000년의 협동조합』에서 묘사한 "우리가 살고 있는 세계"와도 오버랩된다. 그래서 레이들로 박사는 세상이 미쳐 돌아가고 있는데 협동조합도 덩달아 미쳐 돌아가지 말고 '온전한 정신을 가진 섬(Island of sanity)'이 되자고 했다(p. 16). 이런 의미에서 볼 때 지금, 여기서 협동조합의 돈과 민주주의에 대해 재검토 하는 일은 협동조합의 지속가능성에도 중요하지만 사회적 차원의 의미가 크다. 돈이 주인 노릇하고 사람이 돈의 노예가 된 세상에서 돈이 좋은 시종이 되도록 민주적으로 통제하는 사람들의 결사체는 그 자체로 사회적 의미가 있다. 또 민주주의가 후퇴하고 극단적인 사상과 이념이 득세하는 세상에서

---

36 스웨덴의 V-Dem 연구소가 2019년 현재 기준으로 조사한 결과이며, 2022년 11월 25일자 『르몽드(*Le Monde*)』지에 실렸다(같은 책, p. 13).

민주주의 정신을 발전시키고 민주적인 운영을 강화하는 기업 활동은 무너져 가는 민주주의를 지키고 살리는 일이기도 하다. 그러니 협동조합을 조합원이 주인 노릇하는 민주적인 조직으로 만드는 일은 자유롭고 행복하게 살고 싶은 개인의 필요와 열망에 부응하면서도 사회와 세상에 온전한 정신을 가진 섬을 만드는 일이 될 것이다. 다 떠나서, 이렇게 힘들고 불안한 세상을 살아가려면 비빌 언덕 하나쯤은 있어야 하지 않겠는가?

부록

- 협동조합 7원칙의 해석
- 7원칙에 의거한 진단

★ 이 자료는 최근 저자가 기본법상 소비자협동조합인 민달팽이주택협동조합과 함께 주택협동조합의 조직 진단에 활용했던 진단 도구 중 '협동조합 7원칙에 의거한 진단' 부분을 발췌한 것이다. 협동조합 7원칙에 의거한 진단은 ICA 안내서에 기반하여 우선 각 원칙이 의미하는 바를 해석하고, 이 해석에 기반하여 세부적인 진단 항목을 도출하여 원칙의 적용 여부와 정도를 점검할 수 있도록 한 것이다.

● 협동조합 7원칙의 해석

1원칙 : 자발적이고 개방적인 조합원 제도

협동조합들은 자발적인 조직으로서, 성적, 사회적, 인종적, 정치적 또는 종교적 차별을 하지 않고 조합의 서비스를 이용할 수 있고, 조합원으로서 책임을 받아들일 의사가 있는 모든 사람에게 개방되어 있다.

Voluntary and Open Membership

Co-operatives are voluntary organisations, open to all persons able to use their services and willing to accept the responsibilities of membership, without gender, social, racial, political or religious discrimination.

① "자발적인 조직"

협동조합은 조합원들의 자유로운 선택으로 만들어진다.

자발적인 조직으로서 협동조합은 권리와 자유를 가지고, 조합원들은 협동조합을 설립할 자유를 가지며 이는 법에 의해 보장되어 있다.

② "모든 사람에게 개방되어 있다"

모든 사람의 기본적인 존엄과 협동조합에 가입할 수 있는 권리를 인정한다.

자의적인 제약을 두어서는 안 되며, 조합원 제도에 둘 수 있는 유일한 제한은 협동조합의 목적에 따라 부과된 조건일 뿐이다.

③ "서비스를 이용할 수 있는"

협동조합은 특정한 목적을 위해 조직되었기 때문에 특정한 유형의 조합원이나 제한된 대상의 조합원에게 효과적으로 봉사할 수 있다는 뜻이다. 예컨대 주택협동조합의 경우 일정 수의 조합원에게 주거를 제공할 수 있으며, 노동자협동조합의 경우 고용 인원이 제한적이다. 이러한 까닭에 조합원의 제한을 두는 것이 이해되고 용인된다. 반면, 소비자협동조합과 같이 유통을 담당하는 경우나 보험 및 은행 협동조합의 경우 지리적인 제한을 둘 수 있다. 하지만 원칙적으로는 협동조합의 서비스를 이용하고자 하는 모든 소비자에게 제한을 두어서는 안 된다.

④ "조합원으로서 책임을 받아들일 의사가 있는"

조합원 제도는 모두에게 개방되어 있으나 조합원은 조합원이 되었을 때 따르는 의무를 받아들일 의사가 있어야 한다는 뜻이다. 책임이란 협동조합의 어떤 사안에 대하여 다룰 의무를 가진다는 뜻, 혹은 어떤 사안에 대해 통제권을 가진다는 뜻이다.

⑤ "차별"

차별이란 다양한 범주의 사람들이 가진 개인적 특성에 대해 부당하거나 편견을 가지고 대하는 것을 의미한다.

2원칙 : 조합원에 의한 민주적 통제

협동조합은 조합원에 의해 통제되는 민주적인 조직으로서, 조합원은 정책 수립과 의사결정에 적극적으로 참여한다. 선출된 남성과 여성 대표자들은 조합원에 대한 책무를 가진다. 1차(단위)협동조합의 조합원은 동등한 투표권(1인 1표)을 가지며, 다른 단계의 협동조합도 민주적인 방식으로 조직된다.

Democratic Member Control

Co-operatives are democratic organisations controlled by their members, who actively participate in setting their policies and making decisions. Men and women serving as elected representatives are accountable to the membership. In primary co-operatives members have equal voting rights (one member, one vote) and co-operatives at other levels are also organised in a democratic manner.

① "협동조합은 조합원에 의해 통제되는 민주적인 조직으로서, 조합원은 정책 수립과 의사결정에 적극적으로 참여한다."

우선 민주적인 조직은 구성원이 최고의 권위를 가지므로 협동조합은 궁극적으로 조합원들이 통제한다. 즉 협동조합의 주인은 조합원들이며 그들의 총회가 최고 의사결정기구가 된다는 뜻이다. 그리고 이러한 통제는 민주적인 방식으로 적극적인 참여를 통해 이루어져야 하므로 조합원들은 핵심 전략 정책 수립을 결정하고, 일상적인 협동조합 사업을 관리하는 대표 선출에 참여할 권리를 가진다.

② "선출된 남성과 여성 대표자들은 조합원에 대한 책무를 가진다."

협동조합은 선출된 임원이나 집행책임자 또는 직원에 속하지 않고 조합원들이 공동으로 소유하는 조직이다. 따라서 모든 선출직은 선거 때뿐 아니라 재임 기간 내내 조합원들에게 그들의 활동 상황을 보고하고 설명해야 한다.

③ "1차(단위)협동조합의 조합원은 동등한 투표권(1인 1표)을 가진다.

단위협동조합의 경우 모든 조합원이 동질성을 가지므로 1인 1표를 가지는 것이 ICA의 원칙이다. 하지만 다중이해당사자 협동조합이나 하이브리드협동조합의 경우 다른 원칙을 적용할 수 있다.[37]

④ "다른 단계의 협동조합도 민주적인 방식으로 조직된다."

2차나 3차의 협동조합연합회는 이해의 다양성, 회원 협동조합의 조합원 규모, 소속된 협동조합들의 참여도 등을 반영하기 위해 비례투표제를 채택해 왔다. 이러한 단계의 조직에 대해 미리 정해진 원칙은 존재하지 않으며, 합의된 원칙을 정기적으로 점검하여 민주적인 목적이 유지될 수 있도록 하는 것이 중요하다.

---

37 '다중이해당사자 협동조합'이란 사회적협동조합과 같이 조합원 유형이 셋 이상이며, 각 조합원의 이해가 다른 경우이다. '하이브리드협동조합'이란 예컨대 소비자와 노동자가 마트를 운영하는 경우이다. 이 둘의 경우 소비자나 이용자의 수가 절대다수를 차지하는 반면 노동자는 소수인 경우가 많으므로 1인 1표를 기계적으로 적용할 때 민주적 운영이 보장되지 않는다. 그래서 절대 다수를 차지하는 조합원 유형의 경우 대의제를 적용하는 방식으로 운영한다.

3원칙 : 조합원의 경제적 참여

"조합원들은 그들 협동조합의 자본에 공정하게 기여하고, 자본을 민주적으로 통제한다. 최소한 그 자본의 일부는 통상 협동조합의 공동재산이 된다. 조합원들은 조합원 자격을 얻기 위한 조건으로 출자한 자본에 대하여 보상(대가)을 받을 경우에도 통상 제한적인 보상만 받는다.

조합원들은 다음과 같은 목적의 일부 또는 전체에 잉여를 할당한다.

— 협동조합의 발전 : 적립금 조성으로 가능하며, 이 중 최소한 일부는 나눌 수 없는(불분할) 적립금

— 협동조합과의 거래에 비례하여 조합원들에게 편익 제공

— 조합원들이 승인한 기타 활동의 지원

Member Economic Participation

Members contribute equitably to, and democratically control, the capital of their co-operative. At least part of that capital is usually the common property of the co-operative. Members usually receive limited compensation, if any, on capital subscribed as a condition of membership. Members allocate surpluses for any of the following purposes: developing their co-operative, possibly by setting up reserves, part of which at least would be indivisible; benefitting members in proportion to their transactions with the co-operative; and supporting other activities approved by the membership.

① "조합원은 그들 협동조합의 자본에 공정하게 기여하고, 자본을 민주적으로 통제한다."

조합원들이 납입한 자본은 자본에 대한 투자수익을 얻기 위해 투자한 돈이 아니라, 공정한 가격으로 조합원들이 필요한 재화와 서비스를 생산하거나 고용을 하기 위한 '공동자본(pooled capital)'이다.

"자본을 민주적으로 통제한다"는 의미는 2원칙 '조합원에 의한 민주적 통제'에 연결되어 있다. 그러므로 어떤 방식으로 자본을 조달했는지와 무관하게 자본과 관련한 최종 결정은 조합원 총회에서 이루어져야 한다.

② "공정하게 기여하고"

공정하게 기여한다는 뜻은 모두가 똑같이 기여한다는 의미가 아니다. 그것은 조합원의 처지도 고려하고 협동조합에 필요한 자본의 규모도 동시에 고려해서 자본을 조성하는 방안을 마련한다는 뜻이다. 그 방안은 네 가지로 제시된다.

— 가입출자금(기본출자금) : 조합원은 가입할 때 공동자본을 조성하기 위해 1구좌 이상을 출자하고, 이를 통해 의결권을 받는다. 출자금에 대해서는 보통 이자를 지급하지 않지만, 만약 지급하더라도 그 이율은 엄격히 제한해야 한다.

— 적립금 : 협동조합의 사업이 번성할 때 발생하는 잉여를 유보하여 적립한다.

— 이윤 배당 적립 : 협동조합이 추가적인 자본이 필요하나 사업 수익을 통해 비축한 자본이 부족할 때가 있다. 이럴 때를 대비하여 조합원은 정기적으로 자신이 혜택을 받는 이윤 배당(이용고 배당)의 일정 비율을 기여하여 적립금을 조성한다. 이렇게 조성된 자본은 적립금이므로 협동조합은 출자금과는 달리 이자를 지급하지 않는다. 하지만 대부분의 소비자협동조합의 경우 협동조합의 적립금으로 조성하지 않고 각 조합원의 계좌에 출자금처럼 적립되고, 그에 따라 이자를 지급한다.

— 증자 : 의무적인 기본출자금 외 자발적으로 이루어지는 추가 자본 기여이며, 이에 대해서는 의결권이 부여되지 않는다.

③ "최소한 그 자본의 일부는 통상 협동조합의 공동재산이 된다."

협동조합의 공동재산은 가입을 조건으로 납입한 출자금 또는 잉여의 일부를 유보한 금액으로 구성된다. 공동재산은 조합원 개인 소유가 되지 않고 환급되지 않는 비분할(불분할 indivisible) 자본이 된다.

④ "조합원들은 조합원 자격을 얻기 위한 조건으로 출자한 자본에 대하여 보상(대가)을 받을 경우에도 통상 제한적인 보상만 받는다."

가입을 위한 출자금은 통상 이자를 지급하지 않거나, 하더라도 엄격히 제한한다는 원칙을 가진다. 이 전통은 초기부터 일관되게 유지되었다. 가입출자금뿐 아니라 추가적인 자본 조달을 위하여 이윤 배당의 일부를 정기적으로 적립하는 적립금에도 통상 이자를 지급하지 않는다. 출자금에 대해 제한적으로 보상하는 경우 그 이율은 "투기적 목적이 아닌 공정한 이율" 또는 자본 기여에 대한 "보상적 이율"로서 "필요한 자본을 조성하는 데 충분하도록 가장 낮은 이율"(p. 32)을 적용한다.

⑤ "조합원들은 다음과 같은 목적의 일부 또는 전체에 잉여를 할당한다.
— 협동조합의 발전 : 적립금 조성으로 가능하며, 이 중 최소한 일부는 나눌 수 없는(불분할) 적립금
— 협동조합과의 거래에 비례하여 조합원들에게 편익 제공
— 조합원들이 승인한 기타 활동의 지원"

네 번째 문장은 잉여가 발생할 경우 그 돈을 어떻게 할당(분배)할 것인지 결정하기 위한 기준을 제시한다. 이 또한 조합원에 의한 민주적 통제의 원칙에 입각하여 조합원 전체가 집단적으로 결정해야 하며, 근본적으로는 협동조합의 장기적인 지속가

능성을 염두에 두고 결정해야 한다. 그래서 1순위는 공동재산인 적립금 조성이며, 적립금의 일부는 나눌 수 없는 공동재산으로 두어야 한다. 2순위는 조합원들이 조합과 거래한 정도에 비례하여 혜택을 준다는 원칙이다. 그 혜택이란 현금 지급이 될 수도 있고, 할인제도나 서비스 이용 등 다양한 방식으로 될 수 있다. 3순위는 사회적 목적을 가지는 활동에 사용할 수 있다는 원칙이다.

4원칙 : 자율과 독립

협동조합들은 조합원들이 통제하는 자율적인 자조조직이다. 협동조합들이 정부를 포함한 다른 조직들과 협약을 체결하거나 외부의 자원을 통해 자본을 조달하는 경우 조합원들에 의한 민주적 통제가 보장되고 협동조합의 자율성을 유지할 수 있는 조건에 의거하여 이루어져야 한다.

Autonomy and Independence

Co-operatives are autonomous, self-help organisations controlled by their members. If they enter into agreements with other organisations, including governments, or raise capital from external sources they do so on terms that ensure democratic control by their members and maintain their co-operative autonomy.

① "협동조합들은 자율적인 자조조직이다."

협동조합은 조합원들이 자치하고, 그들의 사업을 통제하고, 그들의 운영 규칙을 스스로 정하기 위하여 독립적으로 행동할 자유가 있다.

② "조합원들이 통제하는"

협동조합의 정의와 2원칙에 의거하여, 조합원의 통제를 통해 협동조합 조직의 자율과 독립을 실현한다는 뜻이다. 그러므로 조합원들이 건전하고, 개방적이고, 투명하고 책무성을 가지는 민주적 실천을 하지 않는다면 자율적이고 독립적인 협동조합이 될 수 없다.

③ "협동조합들이 정부를 포함한 다른 조직들과 협약을 체결하거나 외부의 자원을 통해 자본을 조달하는 경우 조합원들에 의한 민주적 통제가 보장되고 협동조합의 자율성을 유지할 수 있는 조건에 의거하여 이루어져야 한다."

이 문장은 협동조합이 정부를 포함한 다른 조직과 협약을 체결할 때 자율성을 해칠 수 있는 어떠한 협약을 체결함으로써 독립과 조합원에 의한 민주적 통제가 위험해지지 않도록 경계할 것과 권고 사항을 담고 있다. 경계와 권고는 세 차원에서 봐야 한다. '정부와의 협약', '다른 조직들과의 협약', 그리고 협동조합이 자본을 조달할 때 '외부 자원으로부터 자본을 구하는 협약'의 경우이다. 이 세 범주의 협약은 모두 협동조합의 자율성, 그리고 조합원들이 그들의 사업에 대한 민주적 통제권을 해칠 가능성이 있다.

5원칙 : 교육, 훈련, 정보 제공

협동조합들은 조합원, 선출직 대표, 관리자(경영책임자) 및 피고용인이 그들 협동조합의 발전에 효과적으로 기여할 수 있도록 교육과 훈련을 제공한다. 협동조합들은 일반 대중, 특히 청년과 여론 주도층들을 대상으로 협동조합의 본질과 편익에 대한 정보를 제공한다.

Education, Training and Information

Co-operatives provide education and training for their members, elected representatives, managers and employees so they can contribute effectively to the development of their co-operative. They inform the general public, particularly young people and opinion leaders, about the nature and benefits of co-operation.

① "협동조합들은 조합원, 선출직 대표, 관리자(경영책임자) 및 피고용인에게 교육과 훈련을 제공한다."

이 문장은 모든 협동조합이 당연히 해야 할 것을 명시한 것으로 이 책임을 방기한다면 협동조합이 위험에 처할 것이다. '교육, 훈련, 정보 제공'은 협동조합의 핵심적인 활동이다. 왜냐하면 모든 협동조합의 성공과 지속가능성의 근본이 되기 때문이다.

② "그들 협동조합의 발전에 효과적으로 기여할 수 있도록"

이것이 협동조합 교육의 1차적인 목적이다. 즉 협동조합의 성공적이고 지속가능한 발전에 기여하는 것이다. 하지만 이 문구를 협소하게 해석하지 말고 교육의 가치에 대한 인식을 확장해야 한다. 예컨대 공교육의 혜택을 받지 못했거나 학업 성적이 부진했던 사람들에게는 문맹을 퇴치하기 위한 기본 능력을 갖추고 협동조합에 온전히 참여할 수 있도록 교육을 제공하는 것까지 포함한다.

③ "협동조합들은 일반 대중, 특히 청년과 여론 주도층들을 대상으로 협동조합의 본질과 편익에 대한 정보를 제공한다."

이 문장은 협동조합이 내부의 4주체만 대상으로 교육에 헌신할 것이 아니라 외부로 눈을 돌려 그들에게 협동조합의 본질과 편익에 대한 정보를 제공해야 한다는 뜻이다. 특히 청년들을 대상으로 하는 것은 그들이 다음 세대, 즉 미래의 조합원이 되거나 미래를 책임질 세대이기 때문이다. 여론 주도층(오피니언 리더)은 출판인, 공무원, 언론인, 교육자 등 여론에 영향을 미치는 이들을 가리킨다.

④ "교육, 훈련, 정보 제공"의 구분과 의무

'교육'은 협동조합의 원칙과 가치를 이해하고 그것을 일상의 협동조합 사업에 적용할 줄 아는 것이다. 또한 넓은 의미로는 협동조합 구성원들의 사회적 발전을 위해 제공되는 것을 포함한다. 협동조합의 교육은 조합의 4주체들의 마음을 움직여 그들이 협동조합적 사고와 실천의 복합성과 풍성함 그리고 그것이 가지는 사회적 영향력을 온전히 이해할 수 있는 방식으로 이루어져야 한다.

'훈련'은 조합원과 직원이 협동조합을 운영하고 민주적으로 통제하는 데 필요한 실용적인 기술을 발전시키는 것이다. 이를 통하여 사업을 효율적이고 윤리적으로 운영하고 책임감 있고 투명하게 협동조합 사업을 통제할 수 있다. 또한 모든 협동조합은 경쟁하는 경제 제도에서 효율적으로 협동조합 사업을 운영할 수 있도록 선출직 대표들과 직원들을 위한 훈련이 필요하다.

'정보 제공'은 일반 대중이나 특히 청년층과 여론 주도층에게 협동조합기업이 무엇인지 알려 주어야 할 의무를 말한다. 이때 제공되는 정보는 단지 협동조합의 마케팅을 위한 내용이나 조합이 제공하는 서비스도 아니고 프로파간다 같은 선전을 뜻하지 않는다. 그것보다는 협동조합의 가치와 원칙에 기반한 협동조합의 본질과 그것으로 인해 인간 사회가 누릴 수 있는 광범위한 편익에 대한 정보를 제공할 의무를 뜻한다.

그런데 너무 많은 나라에서 너무 많은 협동조합이 이 책임을 방기하고 있다. 교육, 훈련, 정보 제공을 하지 않는다면 사람들은 그들이 이해하지 못하는 것의 가치를 인정하거나 지지하지 않을 것이다.

6원칙 : 협동조합 간 협동

협동조합들은 지역, 국가(전국), 대륙, 국제적 기구를 통해 함께 일함으로써 가장 효과적으로 조합원들에게 봉사하고 협동조합운동을 강화한다.

Co-operation among Co-operatives

Co-operatives serve their members most effectively and strengthen the co-operative movement by working together through local, national, regional, and international structures.

① "협동조합들은 함께 일함으로써 가장 효과적으로 조합원들에게 봉사하고 협동조합운동을 강화한다."

이 문구는 협동조합이 지역 차원에서 많은 성과를 거둘 수 있지만 규모의 경제를 이루기 위하여 협동조합들이 함께 일하고 공동의 대표력을 키운다면 더 많은 것을 이룩할 수 있다는 현실을 알린다. 이를 위해서는 큰 규모 차원에서는 모든 협동조합에게 편익이 돌아가야 하고, 개별 단위에서는 독립과 조합원의 민주적 통제를 유지할 수 있어야 하므로 이러한 각각의 이해가 균형을 잡을 수 있어야 한다.

② "지역, 국가(전국), 대륙, 국제적 기구를 통해 함께 일함으로써"

위의 첫 번째 문구가 왜 협동조합 간 협동이 필요한가에 대한 내용이라면 두 번째 문구는 어떻게 협동하는가에 관해 다룬다.

그러니까 협동조합들이 어떻게 함께 일하는가 하는 방법은 지역, 국가, 대륙, 국제적 기구를 통해 가능하다는 뜻이다. 이를 통해 6원칙은 단순히 때때로 협력할 것이 아니라 공동의 목표를 향해 지속적으로 함께 일하는 것에 관해 다루고 있다. 이런 점에서 특정한 목표를 이루기 위해 유사한 일을 할 때는 협업(collaboration)이라고 하는 반면, 협동은 공동의 목적을 이룩하기 위하여 장기간에 걸쳐 더욱 강력한 참여의식으로 임하는 것이다.

7원칙 : 지역사회(공동체)에 대한 고려(참여의식)

협동조합들은 조합원들이 승인한 정책을 통해 그들 지역사회의 지속가능한 발전을 위하여 일한다.

Concern for Community

Co-operatives work for the sustainable development of their communities through policies approved by their members.

① "협동조합들은 그들 지역사회(공동체)의 지속가능한 발전을 위하여

일한다."

이 문장은 협동조합의 가치에 있는 '사회적 책임'과 '타인에 대한 보살핌'을 반증하고 있다. 협동조합은 소속 조합원들뿐 아니라 그들이 속한 지역사회에도 편익을 제공한다.

② "그들 지역사회(공동체)의 지속가능한 발전"

여기서 '그들 지역사회'의 의미는 협동조합이 속한 지역사회이자, 협동조합에 속한 지역사회로서 협동조합 사업이 벌어지는 지역사회(공동체)를 뜻한다. '그들'이라는 표현을 사용한 까닭은 협동조합이 자신의 사업을 추진할 때 지역공동체를 우선 고려해야 한다는 것을 강조하기 위함이다.

③ "조합원들이 승인한 정책을 통해"

이 문장은 이사회 및 집행책임자가 지속가능한 지역사회 발전에 긍정적으로 영향을 미치는 정책을 총회에서 채택할 때 조합원들의 승인을 받아야 한다는 것을 뜻한다. 이 말은 조합원들이 조합원들의 이해와 더 넓은 지역사회에 대한 고려 사이에서 균형을 잡아야 한다는 것을 의미한다. 실제 점점 더 많은 조합원은 그들 협동조합이 경제, 사회, 생태적인 발전에 헌신할 것을 요구하고 있다.

● 7원칙에 의거한 진단

7원칙에서 도출한 세부 진단 항목의 적용 여부 및 정도에 따라
세 단계로 구분한다.

충분히 적용하는 경우 ○, 적용하지 않는 경우 ×, 적용은 하지
만 보완이 필요하거나 충분하지 않은 경우 △로 표시한다. 그
리고 맨 아래 칸에는 체크한 항목 중 미진하거나 보완이 필요
한 항목에 대한 이유와 설명을 추가한다.

예)

☞ 3 : 모든 조합원이 공통으로 누릴 수 있는 서비스가 부재
하다. 가입한 조합원 중 거주를 위한 주거를 원하는 조합원이
아닌 경우 이들을 위한 다른 주거 관련 서비스(수리 및 관리 기
술, 주거권 교육 등)가 거의 제공되지 않고 있다. 따라서 소비
자협동조합으로서 모든 조합원이 공통으로 이용할 수 있는 서
비스 개발이 필요하다.

1원칙 : 자발적이고 개방적인 조합원 제도	
진단 항목	체크
1. 협동조합이 조합원들의 자발적인 선택으로 설립되었는가?	
2. 조합원들은 자발적으로 가입했는가?	
3. 가입한 조합원들은 협동조합이 제공하는 서비스를 이용할 수 있는 대상인가?	
4. 조합원을 가입시킬 때 개인이 가진 성적 지향, 사회적 지위, 인종, 정치적 성향, 종교적 신념 등의 이유로 차별(배제)하는 것을 금지하고 있는가?	
5. 조합원들은 조합원이 져야 할 의무를 인식하고 그에 따른 책임을 지겠다는 의사를 표명했는가?	
☞ 3 :	

2원칙 : 조합원에 의한 민주적 통제	
진단 항목	체크
1. 협동조합의 최고 의사결정기구인 총회는 안정적으로 개최되는가?	
2. 조합원들은 총회를 비롯하여 협동조합의 중요한 정책을 결정할 권리를 가지는가?	
3. 이사회는 안정적으로 개최되고 있으며, 이사들이 성실하게 참석하여 운영되고 있는가?	
4. 협동조합은 정기적이고 안정적으로 조합원들에게 협동조합의 운영 및 경영 상황에 대해 보고하고 있는가?	
5. 이사회 및 총회는 조합원들의 의견을 수렴하여 정책을 결정하고 있는가?	
6. 협동조합은 조합원들이 이사회 및 운영위원회 등에 참여하거나, 조직의 운영에 대해 자유롭게 의견을 개진할 수 있는 소통 체계를 마련하고 있는가?	
7. 협동조합이 연합회 등 2차, 3차 단위의 조직을 구성할 때 조합원들의 의견이 반영되고 의사결정에 참여할 수 있는가?	

☞ 6 :

3원칙 : 조합원의 경제적 참여

진단 항목	체크
1. 조합원들은 협동조합에 필요한 자본 조달에 공정하게 기여했는가?	
2. 협동조합은 가입출자금 및 적립금 제도를 통하여 운영에 필요한 공동 재산을 형성했는가?	
3. 조합원들은 협동조합의 자본 조성 및 잉여 할당 등에 관해 결정할 권한을 가지는가?	
4. 협동조합은 조합에 필요한 자본 조달을 위한 출자, 증자, 기금, 적립금 제도 등을 운용하고 있는가?	
5. 협동조합은 출자금에 대하여 투자수익을 제공하지 않는다는 원칙을 지키고 있는가?	
6. 협동조합은 잉여 분배 방식을 ICA 원칙에 맞게 운용하고 있는가?	
☞ 1.	

4원칙 : 자율과 독립	
진단 항목	체크
1. 협동조합의 정관과 규약 등 자치를 위한 운영규칙을 조합원들이 스스로 만들고 결정했는가?	
2. 조합원들은 스스로 만든 규칙에 따라 자치하고 있는가?	
3. 협동조합이 외부 조직(정부)과 협약을 체결할 때 자율성과 독립을 보장할 수 있도록 했는가?	
4. 협동조합이 외부의 자원(자본)을 통원할 때 자율성과 독립을 보장할 수 있도록 했는가?	

☞ 3.

5원칙 : 교육, 훈련, 정보 제공	
진단 항목	체크
1. 협동조합의 조합원, 임원, 경영자(집행책임자), 직원을 대상으로 정기적인 교육 프로그램이 기획되어 진행되고 있는가?	
2. 협동조합은 신입 조합원과 직원들을 대상으로 협동조합의 운영 원리(정의, 가치, 원칙)에 대한 교육을 실시하고 있는가?	
3. 협동조합의 모든 구성원들(4주체)은 그들 협동조합의 목적과 미션, 제공하는 서비스가 가지는 편익에 대해 제대로 알고 있는가?	
4. 협동조합은 임원과 직원들의 운영 능력을 향상시키기 위한 훈련 프로그램을 진행하고 있는가?	
5. 협동조합은 교육과 훈련의 효과에 대한 평가를 진행하여 프로그램 기획에 반영하고 있는가?	
6. 협동조합(구성원들)은 지역사회 주민 및 단체, 공공기관이나 기업, 교육계 및 언론 등을 대상으로 협동조합에 대한 정보(본질, 가치 등)를 제공하고 있는가?	
☞ 1. 4. 5. :	

6원칙 : 협동조합 간 협동	
진단 항목	체크
1. 협동조합은 다른 협동조합들과 지역 차원, 전국적, 대륙 차원, 국제적 차원에서 상시적으로 협동할 수 있는 체계를 형성하고 있는가?(네트워크, 대표기구, 협의회, 연합회 등)	
2. 이러한 협동 구조를 통하여 협동조합은 조합원들에게 더 많은 편익을 제공하고 있는가?	
3. 협동조합 간 협동의 실천은 개별 협동조합의 독립을 유지하고 조합원들에 의한 민주적 통제가 보장되는 상황에서 이루어지고 있는가?	
☞ 1. 2. :	

7원칙 : 지역사회(공동체)에 대한 고려(참여의식)	
진단 항목	체크
1. 협동조합은 조합의 사업이 이루어지는 지역사회를 고려하여 사업을 구상했는가?	
2. 협동조합은 지역사회에 기업으로서의 사회적 책임을 하고 있으며, 그 안에서 조합원 외 지역 주민들을 보살피는 일을 하고 있는가?	
3. 협동조합이 제공하는 제품 및 서비스가 지역사회의 경제, 사회, 생태적으로 지속가능한 발전에 기여하고 있는가?	
4. 조합원들은 자신이 누릴 편익뿐 아니라 지역사회가 누릴 편익에 대해서도 고려하고 있는가?	
5. 협동조합의 임원들은 이러한 정책을 수립할 때 총회에서 조합원들의 승인을 받아서 추진하고 있는가?	
☞ 2 :	

협동조합의 돈과 민주주의
지속가능한 협동조합운동을 위하여

초판 1쇄 발행 2024년 2월 19일

지은이 김신양
펴낸이 오은지
편집 오은지
펴낸곳 도서출판 한티재 | 등록 2010년 4월 12일 제2010-000010호
주소 42087 대구시 수성구 달구벌대로 492길 15
전화 053-743-8368 | 팩스 053-743-8367
전자우편 hantibooks@gmail.com | 블로그 blog.naver.com/hanti_books
한티재 온라인 책창고 hantijae-bookstore.com

ⓒ 김신양 2024
ISBN 979-11-92455-43-3 04300
ISBN 978-89-97090-40-2 (세트)